W0388177

Reinhard Frank

Personenkraftwagen der Wehrmacht

Morgendämmerung bei Blonie, westlich von Warschau, am 15.9.39. Dicht zusammengedrängt stehen die Fahrzeuge der 14. (Panzerjäger)Kompanie des I.R. 82 (31. I.D.), zugweise geordnet in völlig deckungslosem Gelände: ein einladendes Ziel für Bomben und Granaten aller Art und Größe!
Die Einheit ist mit »mittleren gl. Personenkraftwagen mit Zugvorrichtung (Kfz 12) mit Fahrgestell des mittleren Pkw (o)« als Zugmittel für die 3,7 cm Pak ausgerüstet. Wie bei der Wehrmacht üblich, handelt es sich weitgehend um Fabrikate der unterschiedlichsten Hersteller: links der verhältnismäßig seltene Phänomen Granit Typ 25 H mit Kübelsitzaufbau, vorne Mitte ein Mercedes-Benz Typ Stuttgart, vorne rechts ein Wanderer W 11 und im Mittelfeld einige Adler Typ 3 Gd.

© Podzun-Pallas-Verlag GmbH, Wölfersheim-Berstadt
Genehmigte Lizenzausgabe für Karl Müller Verlag, Erlangen

Alle Rechte vorbehalten.
Kein Teil des Werkes darf in irgendeiner Form (durch Fotokopie, Mikrofilm oder ein ähnliches Verfahren) ohne die schriftliche Genehmigung des Verlages reproduziert oder unter Verwendung elektronischer Systeme verarbeitet, vervielfältigt oder verbreitet werden.

ISBN 3-86070-858-9

1 2 3 4 5 3 2 1 00 9

Reinhard Frank

Personenkraftwagen der Wehrmacht

Kübelwagen, Einheits-PKW, eingezogene und erbeutete Personenwagen im Einsatz

KARL MÜLLER VERLAG

Minsk, im Sommer 1944: der Russe ist durchgebrochen! Die Einkesselung und völlige Vernichtung der Heeresgruppe Mitte bahnt sich an. Fluchtartig verlassen rückwärtige Dienste, Behörden und russische Zivilisten die gefährdete Stadt. Wohl dem, der einen fahrbaren Untersatz erbeutet. — Volkswagen, DKW, GAZ, Ford, Benziner, Holzgaser — alles ist recht, Hauptsache es rollt und bringt einen weit genug nach Westen!
Der VW Typ 82 E und der DKW Reichsklasse (Meisterklasse) gehörten zur Reichsverkehrsdirektion Minsk; der Ford-Lkw Typ V 3000 S mit der rätselhaften Zulassung MH-5334 trägt die Aufschrift NSKK 4/38 (Sturm 4/Motorstandarte 38 ?) und ein Eichenblatt, wie es Gruppenführer am Kragenspiegel trugen.

Inhalt

Personenkraftwagen über Personenkraftwagen auf dem Bahnhofsplatz von Kursk. Eine feldgraue Vielfalt, die heute das Herz des Fahrzeug-Enthusiasten höher schlagen läßt, damals aber jeden Schirrmeister zur schieren Verzweiflung brachte . . .
(Herbst 1942, Feldgendarmerie-Abteilung 521 (mot.))

Ein Wort zuvor

Nach dem Buch über die Lastkraftwagen der Wehrmacht liegt hiermit nun der Band über die Personenkraftwagen vor.
Vom ersten bis zum letzten Tag des Krieges hatten diese Fahrzeuge an allen Fronten und in der Heimat ihren Dienst zu leisten — gleichgültig, ob sie für den Einsatz in Sand, Schlamm oder Schnee überhaupt geeignet waren oder nicht. Wie die Bilder zeigen, fuhr neben den »kriegsmäßigen« Kübelwagen eine unglaubliche Vielzahl von zivilen in- und ausländischen Personenkraftwagen bei der Truppe — ein unübersehbares Zeichen des notorischen Fahrzeug-Mangels bei der Wehrmacht. Bis auf wenige Ausnahmen war die Geländefähigkeit dieser Wagen äußerst bescheiden, meist überhaupt gar nicht vorhanden. Die engen Kabinen und die mickrigen Bedienhebel waren in keiner Weise für einen winterlich vermummten Soldaten mit klobigem Schuhwerk vorgesehen. Die wenigsten Pkw verfügten damals über eine Innenraumheizung, so daß es häufig zu schweren Erfrierungen (insbesondere an den Beinen der Fahrer) kam. Im Sommer schmirgelten Staub und Sand in kurzer Zeit die ungeschützten Motore, Lager und Gelenke zu Schrott. Fahrgestelle, Federn, Achsen hielten den schlechten Wegen meist nicht lange stand und gingen zu Bruch — die Feldwerkstätten hatten zu keiner Zeit über Arbeitsmangel zu klagen! Das Fehlen jeglicher Panzerung führte zwangsläufig zu vielen Ausfällen im Frontbereich und im Partisanen- und Tieffliegerverseuchten Hinterland.
Die Fotos stammen überwiegend von ehemaligen Soldaten. Mängel bezüglich Schärfe, Ausleuchtung und Motivwahl müssen manchmal leider in Kauf genommen werden, wenn man auf unwiderbringbare Motive nicht verzichten will.
Die Identifizierung der Fahrzeuge erfolgte unter Zurateziehen aller einschlägigen Fach-und Typenbücher. Wie jeder Eingeweihte weiß, ist insbesondere bei Personenkraftwagen eine genaue Typenansprache oft sehr schwierig, da es hier eine unübersehbare Vielzahl von Kleinserien, Sonderanfertigungen, Varianten, Abänderungen, Umbauten und dergleichen gab. Ergänzende Mitteilungen und produktive Kritik unserer Leser sind jederzeit willkommen.

Besonderer Dank gilt meiner Frau Gertrud sowie Herrn Henry Hoppe, der mich mit seinem Foto-Archiv wieder großzügig unterstützte, und Herrn Oberst a.D. Gerhard Elser, der in mühseliger Kleinarbeit wichtiges Quellenmaterial zusammentrug und auswertete.

Dies ist ein technisches Buch ohne jegliche politische Stellungnahme. Es handelt in einer Zeit, in der Millionen von Menschen ihr Leben, ihre Gesundheit, ihre Heimat verloren — daran sei an dieser Stelle gedacht.

Gilching, im Herbst 1993

Reinhard Frank

Reinhard Frank

Abkürzungen

gl.	=	geländegängig
I.D. (mot.)	=	Infanteriedivision (motorisiert)
I.R.	=	Infanterieregiment
Kfz	=	Kraftfahrzeug
Kw	=	Kraftwagen
Lkw	=	Lastkraftwagen
l.	=	leicht
m.	=	mittel
(o)	=	handelsüblich
Pkw	=	Personenkraftwagen
Sd.Ah.	=	Sonderanhänger
Sd.Kfz.	=	Sonderkraftfahrzeug
s.	=	schwer
3-Tonner	=	Lkw mit 3 Tonnen Nutzlast bzw. Zugkraftwagen mit 3 Tonnen Zugleistung
(4 x 2)	=	2 Räder von 4 sind angetrieben

Anmerkung: die meisten Abkürzungen waren sowohl mit als auch ohne Punkt (Pkw./Pkw) gebräuchlich. Die Benennung der Einzelteile erfolgte weitgehend nach der D 659/10 vom 15.04.1943.

Fotos und Dokumente stellten zur Verfügung

Ludwig Baer, Horst Beiersdorf, Friedrich Birkmeyer, Theodor Brandherm, Siegfried Bunke, Johann Demleitner, Siegfried Ehrt, Gerhard Elser, Robert Emmert, Wolfgang Essler, Michael Foedrowitz, Hermann Freter, Heinz Friedrich, Sepp Herz, Helmut Heinrich, Henry Hoppe, Hansludwig Huber, Gerhard Kesenhagen, Karl-Heinz Köppl, Randolf Kugler, Michael Mair, Friedrich Masch, Ernst Obermaier, Peter Petrick, Horst Scheibert, Halwart Schrader, Franz Sindler, Johann Strauß, Helmuth Spaether, Peter Taghon, Hans Thudt, Bart Vanderveen, Francois Vauvillier, Heinz Wrobel, Albert Wörnle, Georg Wurm und viele andere.

Personenkraftwagen der Wehrmacht

Geschichtliche Entwicklung

Die Zeit von 1885 bis 1918

Über 100 Jahre ist es nun schon her, daß Karl Benz mit dem Bau des ersten brauchbaren Motorwagens im Jahr 1885 den Grundstein für die allgemeine Motorisierung — mit allen Vor- und Nachteilen — in Deutschland legte. Naturgemäß zeigte auch bald das Militär ein gewisses Interesse für den Einsatz von Motorfahrzeugen im Heeresdienst, jedoch ließ die vorherrschend konservative Einstellung der Führung nur eine recht zögernde Einführung dieser noch sehr unzuverlässigen und wenig paradevorzeigbaren Vehikel zu.
Das erste Kraftfahrzeug, das versuchsweise bei der kaiserlichen Armee Dienst tat, war ein angemieteter Daimler-Lastwagen im Jahr 1898. Beim Kaisermanöver 1899 wurde neben verschiedenen Lastkraftwagen erstmals auch ein Personenkraftwagen zur Beförderung höherer Offiziere und zum Überbringen von Meldungen erfolgreich eingesetzt.
Der Nutzen von Personenwagen wurde zwar durchaus erkannt, jedoch wurden von der Heeresverwaltung derartige Fahrzeuge nur in ganz geringen Stückzahlen (hauptsächlich für höhere Stäbe) beschaffen. Der Lastkraftwagen wurde als wesentlich kriegswichtiger eingestuft und erhielt damit absoluten Vorrang. Im Kriegsfalle sollte der Bedarf an »großen Personenkraftwagen« und kleinen, zweisitzigen »Depeschenwagen« nach Maßgabe des Kriegsleistungsgesetzes vom 13.6.1873 fast ausschließlich durch Einziehen von Privatfahrzeugen gedeckt werden.

Bei schlechten Wegverhältnissen ging den meisten Wagen schon bald die Puste aus, und sie mußten geduldig auf ein Paar Zugpferde zum Abschleppen warten — so wie diese Landaulette der Festung Brest (östlich von Warschau) im Jahre 1915.

Zur Verwendung des Pkw heißt es in der Felddienstordnung vom 22.3.1908 unter anderem:

Personenkraftwagen sind den höheren Stäben zugeteilt. Außer zur Beförderung der Stäbe dienen sie zur Übermittlung wichtiger Meldungen und Befehle. Mit der sachgemäßen Verwendung der Kraftwagen ist ein Offizier des Stabes zu beauftragen.
Die Personenkraftwagen bilden vermöge ihrer großen Geschwindigkeit ein vorzügliches Mittel zur Befehls- und Nachrichtenübermittlung, besonders da, wo persönliche Verständigung wichtig ist. Sie sind aber an gute Wege gebunden und nur in dem von den eigenen Truppen gesicherten Gebiet zu verwenden. Ihre Schnelligkeit kann nur bei freier Bahn zur Geltung kommen. Sie versagen leicht, wo sorgsame Behandlung fehlt.

Ein rechtsgesteuerter Protos-Wagen.

Bei Kriegsbeginn 1914 fuhren mit den Kraftfahreinheiten (Etappen-, Kavallerie-Kraftwagenkolonnen, Etappen-Kraftwagenparks u.a.) rund 800 Personenkraftwagen ins Feld. Im Herbst 1915 liefen schon 8600 Pkw bei der Truppe — durchwegs requirierte Fahrzeuge aus zivilen Beständen. Die Typenvielfalt dieser Fahrzeuge war natürlich enorm: die spezielle Entwicklung eines einheitlichen Heeres-Pkw fand nicht statt, da die verhältnismäßig kleinen Automobilfabriken voll mit ihren eigenen Fertigungsprogrammen ausgelastet waren und auch keinerlei zentrale Lenkung der Produktion erfolgte.
Bei Kriegsende 1918 betrug der Fahrzeugbestand des deutschen Heeres:
12.000 Pkw, 3.200 Krankenkraftwagen, 25.000 Lkw und 5.400 Motorräder.
Die alliierte Seeblockade hatte auch in diesem Bereich zu einem einschneidenden Mangel an Rohstoffen für die Fahrzeugherstellung und einem ungeheueren Mangel an Betriebsstoffen geführt, den man auch durch die zahlreichen, berüchtigten »Ersatzstoffe« niemals ausgleichen konnte.

Beutewagen gab es schon im 1. Weltkrieg: »Während der Frühjahrsoffensive am 22. März 1918 in Finis samt Auto gefangengenommener Engländer (I. Btl. 133)«.

Wie diese Aufnahme zeigt, wurde schon damals der Vorteil von motorisierter, gut bewaffneter Infanterie (wie etwa den späteren Panzergrenadieren) erkannt. Der Wagen ist mit zwei verhältnismäßig seltenen 7,92 mm MG Bergmann Mod. 1915 ausgerüstet. Die Aufnahme kann sowohl aus den letzten Wochen des 1. Weltkrieges wie auch aus der Freikorps-Zeit stammen.

Die Zeit von 1919 bis 1933

Zur Beendigung des Nachkriegschaos im Landesinneren und an den Reichsgrenzen erließ die Reichsregierung am 6.3.1919 das »Gesetz zur Bildung einer vorläufigen Reichswehr« und am 23.3.1921 das in der Reichsverfassung verankerte »Wehrgesetz«.
Der Einsatz von Personenkraftwagen bei der Reichswehr wird vom Chef der Heeresleitung, General Hans v. Seeckt, in der Verordnung »Führung und Gefecht der verbundenen Waffen vom 1.9.1921 (Nachtrag Kraftfahrwesen vom 20.6.23)« wie folgt dargestellt:

An Personenkraftwagen werden im Heer verwendet: Kleinkraftwagen für den Erkundungs- und Kolonnendienst mit offenem 2- bis 6-sitzigen Aufbau und 35 km Durchschnitts- sowie 60 bis 70 km Höchstgeschwindigkeit in der Stunde.
Personenkraftwagen für die höheren Stäbe mit offenem oder geschlossenem 6-sitzigen Aufbau und 35 km Durchschnitts- sowie 70 bis 100 km Höchstgeschwindigkeit in der Stunde.
Personenkraftwagen machen die oberen und mittleren Stäbe beweglich und ermöglichen ihnen häufigen, unmittelbaren Gedankenaustausch und innige Fühlung mit der Truppe.

Die Ausstattung und Gliederung des Reichsheeres konnte sich jedoch zu keiner Zeit nach den praktischen Erfahrungen im Kriege, sondern stets nur nach den engen Bestimmungen des Versailler Vertrages und dem knappen Reichshaushaltsplan richten.

Die geringe Stärke des Reichsheeres muß durch Steigern der Beweglichkeit wenigstens teilweise ausgeglichen werden. Daher sind Beweglichmachen von Truppen und Truppenbefördern auf Kfz besonders wichtig.

So hieß es ganz folgerichtig in der HDv 472 vom 29.8.1924 unter Ziffer 470. Aus Geldmangel war man anfangs darauf angewiesen lediglich »militärtaugliche« Aufbauten auf normale Serienfahrgestelle zu setzen. Es kamen ausschließlich Fahrzeuge mit Hinterradantrieb und (mit wenigen Ausnahmen) Starrachsen in Frage.

Zur Täuschung der alliierten Kontrollorgane übte die Reichswehr mit einer Vielzahl von unauffälligen Privatwagen, so wie diesem »Pluto« (Lizenz Amilcar, 4 Zyl., 1,1 l, 20 PS) der von 1924 bis 1927 gebaut wurde, mit der Zulassung für die Provinz Ostpreussen.

Ab 1929 erfolgte die Einführung von sogenannten »Gelände-Personenkraftwagen«: handelsübliche Pkw-Fahrgestelle (4 x 2) mit einem Sonderaufbau, der zur schnellen Einsatzbereitschaft seitlich völlig offen war und als (unzureichenden) Witterungsschutz ein faltbares Planendach aufwies. Eine erhöhte Bodenfreiheit erreichte man durch größere Räder, verstärkte Federn und Verlegen bzw. Schutz verschiedener Bauteile wie Auspuff, Sammler, Bremsanlage. Teilweise wurden ein Sperrdifferential und eine Hinterachse mit geänderter Untersetzung eingebaut. Hervorstechendes Merkmal waren die Sitze in »Kübelform« (eine Entwicklung der Fa. Trutz, Coburg), die der Besatzung seitlichen Halt geben sollten.

Schon bald wurde die Bezeichnung »Kübelsitzwagen« zum »Kübelwagen« und schließlich zum gebräuchlichen »Kübel«.
Typische »Kübel« jener Zeit waren der Mercedes-Benz »Stuttgart 260«, der Adler »Favorit« und der Hanomag 4/20.

Die Entwicklung eines voll geländegängigen Pkw mit 3 Achsen und 6 Sitzen, die von Selve, Horch und Daimler-Benz in den Jahren 1925/26 durchgeführt wurde, zeigte nur geringen Erfolg und wurde nach wenigen Erprobungsmustern wieder eingestellt.
Die Konstruktion hatte sich als zu kompliziert und teuer erwiesen. Später wurden derartige Fahrzeugentwicklungen auf der Basis von leichten Lkw-Fahrgestellen (z.B. Krupp-Protze) weitergeführt.

Angehörige der Reichswehr in einem der seltenen 3-Achser, einem »schweren gl. Pkw« der Firma Horch, Baujahr 1926.

Im Jahr 1930 verfügte das Heer laut H.A. Koch (Feldgrau 12/1964), über 406 Pkw und 1176 Lkw. Im einzelnen:

14 Pkw und 98 Lkw für 7 Kraftfahrbatterien
21 Pkw und 273 Lkw für 21 Krankenkraftwagenzüge
371 Pkw und 805 Lkw für 7 Kraftfahrabteilungen (KfA)

Mit großer Wahrscheinlichkeit gab es dazu noch eine Anzahl von »schwarzen« Kfz-Beständen, die heute nicht mehr erfaßbar sind.
Die Typenvielfalt an Fahrzeugen aller Art bei der Reichswehr war sehr groß, da man wegen der schwierigen Wirtschaftslage möglichst vielen Firmen Aufträge zukommen ließ. Auch war die Verwendung von handelsüblichen Fahrgestellen recht problematisch, da jeder Modellwechsel eines Herstellers zu einer weiteren Bereicherung des Typenkatalogs führte.

Auch wenn über die Panzerattrappen der Reichswehr viel gespottet wurde, stellten sie doch eine entscheidende Ausbildungshilfe im Hinblick auf Führung und taktischen Einsatz von schnellen Verbänden dar. Im Bild Kampfwagen-Nachbildungen auf dem Fahrgestell des Personenkraftwagens Adler Standard 6, wobei ein Fahrzeug bereits mit Funkeinrichtung und Rahmenantenne als Befehlswagen ausgerüstet ist. Rechts ein offener Adler mit den typischen Kübelsitzen. Die Typenvielfalt der Fahrzeuge im Hintergrund ist sehenswert.

Die Zeit von 1933 bis 1945

Mit der sog. »Machtergreifung« 1933 und den Anstrengungen zum Aufbau einer modernen Wehrmacht setzte beim Kraftfahrwesen ein starker Aufschwung ein. Das schon lange angestrebte Ziel, einen standardisierten, heereseigenen Personenkraftwagen zu entwickeln, wurde nun beschleunigt in Angriff genommen.
Vom Heereswaffenamt waren hierzu 3 sog. »Einheitsfahrgestelle« für je einen leichten, einen mittleren und einen schweren Pkw vorgesehen. Durch Normung und Typisierung wurden eine Rationalisierung bei der Herstellung und eine erleichterte Ersatzteilversorgung angestrebt. Die Fahrgestelle waren allradgetrieben und konnten mit verschiedenen Aufbauten, entsprechend dem Verwendungszweck, versehen werden.
Die ersten Einheits-Pkw kamen ab 1937 zur Truppe.
Leider erfüllten sie aber durchaus nicht alle Hoffnungen, die man in sie gesetzt hatte: sie erwiesen sich als sehr schwer, sehr wartungsbedürftig und sehr teuer. Wegen mangelnder Kapazitäten der ausgelasteten Kfz-Industrie konnten keine Einheits-Motoren entwickelt werden, so daß auf handelsübliche Antriebe von unterschiedlichen Herstellern zurückgegriffen werden mußte, die untereinander nicht austauschbar waren. Da es auch sonst noch eine große Anzahl von Abweichungen innerhalb der Serien gab (auf die im Kapitel Einheits-Pkw genauer eingegangen wird), konnte von der angestrebten Typisierung keine Rede mehr sein.
Erst im Juni 1940 kam dann der erste wirklich »einheitliche« Pkw zur Truppe: der »VW-Kübel« von Prof. Porsche. Ein Fahrzeug, das zwar nur Hinterachsantrieb hatte, aber wegen seines geringen Gewichtes, seiner Anspruchslosigkeit und seiner Zuverlässigkeit den Einheits-Pkw's weit überlegen war.
All diese Maßnahmen zur Vereinheitlichung der Fahrzeugfertigung erfolgten auf Veranlassung des Generalbevollmächtigten für das Kraftfahrwesen (Chef der Amtsgruppe K im OKH) Oberst/General Adolf v. Schell.

Dieser hatte den Auftrag, im Rahmen des von ihm aufgestellten »Schell-Plans«, die unwirtschaftliche Typenvielfalt von Fahrzeugen aller Art (einschl. Aggregate und Zubehör), auf ein Mindestmaß zu beschränken.
Mit der »Verordnung über die Typenbereinigung in der Kraftfahrzeugindustrie« vom 2.3.1939 sollte z. B. auch die Zahl der zivilen Pkw-Typen auf nur mehr 31 genehmigungspflichtige Grundbaumuster begrenzt werden.

Im Verlauf des Krieges war, nach dem Bericht des GBK vom 1.11.1941, nur noch die Fertigung eines einzigen Pkw-Typs in Deutschland (dem Volkswagen) und von 3 Typen im Protektorat vorgesehen.
Im Wortlaut hieß es in diesem Bericht:

»Sämtliche Sonderkonstruktionen der Wehrmacht auf dem Gebiet der Räder-Kfz wurden ausgemerzt (teilweise befinden sie sich noch im Auslauf) und zwar wurden Sonderkonstruktionen des leichten Einheits-Pkw ersetzt durch VW (Zwei- und Vierradantrieb). Sonderkonstruktionen des mittleren und schweren Einheits-Pkw ersetzt durch Kfz auf Fahrgestell des 1,5 t Lkw (S-bzw. A-Typ). Die entsprechenden Kraftfahrzeuge (VW, 1,5 t, 3 t und 4,5 t) werden zweiradgetrieben für die Wirtschaft, vierradgetrieben für die Wehrmacht gebaut.«

Trotz aller Anstrengungen konnten aber nur die allerwenigsten Verbände mit einer einheitlichen Fahrzeugausstattung versehen werden.
Die deutsche Automobilindustrie mit ihrer Vielfalt von eigenständigen (und eigenwilligen) Betrieben, war einfach an der Grenze ihrer Leistungsfähigkeit angelangt.

Bis Ende des Krieges verfügte die Wehrmacht notgedrungen über eine unüberschaubare Vielfalt von Fahrzeugen aus deutscher und ausländischer Fertigung.
Schon bei Kriegsbeginn zog die Wehrmacht, laut Fritz Wiener, mit 63 % **»Ergänzungsfahrzeugen«** und nur 37 % speziellen Wehrmachtfahrzeugen ins Feld.
»Ergänzen« bedeutete im Wehrmacht-Sprachgebrauch, Friedens-Truppenteile mit Mannschaften und Tieren, Waffen und Gerät auf Kriegsstärke aufzufüllen, sowie zur Kriegsgliederung fehlende Truppenteile aufzustellen (vergl. Mueller-Hillebrand, »Das Heer 1933-45«)

»Ergänzungsfahrzeuge« waren schlicht und einfach all die Fahrzeuge, die man bei privaten Haltern, Firmen und Behörden beschlagnahmt hatte. Als gesetzliche Grundlage diente das »Gesetz über Leistungen für Wehrzwecke vom 13.7.1938 (Wehrleistungsgesetz)«. Wie ähnliche Rechtvorschriften vor dem 1. Weltkrieg schrieb das WLG eine »allgemeine Sachleistungspflicht« zum Zwecke der Reichsverteidigung fest. Auf Grund dieses Gesetzes erließ das OKH bereits am 13.8.38 eine Kraftfahrzeug-Ergänzungsvorschrift HDv 167 einschließlich der geheimen Erläuterungen und militärischen Ausführungsbestimmungen der HDv g 167.

Nach jeweils gegebener Veranlassung folgten im Heeresverordnungsblatt Erläuterungen über Kfz-Inanspruchnahme aufgrund von Werk- und Mietverträgen oder für Fuhrleistungen des täglichen Bedarfs, über Haftpflicht, über Heranziehung von Kraftfahrern und dergl.
Am 1. September 1938 erging schließlich das »Gesetz über Sachleistungen für Reichsaufgaben« (Reichsleistungsgesetz).
§ 15 RLG bestimmte unter anderem:

> Die Besitzer von Land-, Luft- und Wasserfahrzeugen aller Art sind verpflichtet, diese der Bedarfsstelle zur Benutzung oder zur Verfügung zu stellen.

Zu »Bedarfsstellen der Wehrmacht« für Landfahrzeuge bestimmen WLG und RLG die den Wehrkreiskommandos nachgeordneten Wehrersatzinspektionen (WEI).
Nach der HDv 75 NfD »Bestimmungen für die Erhaltung des Heeres im Kriegszustand« vom 15. September 1939, obliegt es den WEI:
- sämtliche Kfz im Heimatgebiet, wehrmachteigene Kfz ausgenommen, gemäß HDv g 157 zu bewirtschaften: nämlich karteimäßig zu erfassen, zu überwachen und für die Zwecke der Gesamtkriegsführung einzuteilen;
- nach Aufstellung der Kriegswehrmacht noch verfügbare Kfz festzustellen;
- bei Kfz-Händlern und Werksniederlassungen vorhandene Kfz zu beschlagnahmen und
- das Gesamtergebnis an den Befehlshaber des Ersatzheeres zu melden.

Mit Kriegsbeginn (bzw. schon kurz davor) setzten die kriegswirtschaftlichen Maßnahmen gegen den Privatverkehr ein:

28.8.1939: Bezugscheinpflicht für flüssige Kraftstoffe.

1.9.1939: Benzinrationierung, Tankausweiskarten, Verdunklungspflicht für Kfz.

3.9.1939: Allen Herstellern werden der Verkauf und die Auslieferung von Kfz untersagt. Die Wehrmacht beschlagnahmt die viersitzigen Kabrioletts.

6.9.1939: »Verordnung über die Weiterbenutzung von Kfz«: nur noch Fahrzeuge die »dem öffentlichen Interesse« dienen, sind zugelassen. Dies wird durch den kleinen, heißbegehrten »roten Winkel« am Kennzeichen kenntlich gemacht, den anfangs noch 23 % aller Zivil-Pkw erhalten, später »wesentlich weniger«.

11.9.1939: Beschlagnahme von Fahrzeugbereifung, Reifenkarte für bewinkelte Kfz.

Nach den Vorschriften zu schließen, übernahm das Heer bestimmte Baumuster als »Wehrmachtfahrzeuge« und baute sie zweckbestimmt um. Dazu zählten z.B. Opel Kadett und Olympia (D 632/20 und 20b), Super 6 und Kapitän (D 632/49 a) sowie Ford V8 und Horch 830.

Durch Umbau entstanden grundsätzlich entweder offene Kübelsitzer als Führungs-, Fernmelde- und Zugfahrzeuge oder geschlossene Fahrzeuge mit Kofferaufbau. Beide Arten wurden mit Tarnscheinwerfer, Staukästen, Karabiner- und Schanzzeughalterungen nachgerüstet und vorschriftsmäßig gespritzt mit entsprechendem Kennzeichen versehen:
Sie zeigten neben ihrem zivilen Kennzeichen

- nach »Mobilmachungsplan für das Heer« 1937 vorn und hinten einen weißen Kreis mit den schwarzen Buchstaben »WH«;
- nach Heeresverordnungsblatt B 1940, Nr. 95, vom 31. Januar 1940 weiße Buchstaben »WH« (teilweise auch schon beim Österreich-Einsatz 1938).

Erst mit Verfügung vom 3. Juli und 27. November 1941 (Heeresverordnungsblatt C 1941, Nr. 621 und 1060) erhielten auch Ergänzungsfahrzeuge ein WH-Nummernschild.

An Hand der vorhandenen Unterlagen können folgende Angaben über **Bestands- und Fertigungszahlen** gemacht werden:

– **Pkw-Bestand im Deutschen Reich 1938** (Quelle: »Schlag nach, 1939«):

Personenkraftwagen (insgesamt)	1.305.608
bis 1000 ccm Hubraum	318.071
1000 - 1500 ccm Hubraum	510.207
1500 - 2000 ccm Hubraum	258.444
2000 - 2500 ccm Hubraum	84.266
2500 - 3000 ccm Hubraum	51.330
3000 - 4000 ccm Hubraum	64.681
über 4000 ccm Hubraum	18.235

– **Deutsche Pkw-Fertigung während des 2. Weltkrieges** (Quelle: Graf von Seherr-Thoss »Die deutsche Automobilindustrie«):

1940: 67.561, **1941:** 35.165, **1942:** 27.895, **1943:** 34.478, **1944:** 21.656, **1945:** o.A.

Die Kriegsproduktion an Pkw betrug somit ca. 187.000 Stück, davon 51.000 VW-Kübel, 15.000 VW-Schwimmwagen, 19.000 Mercedes 170-Kübelwagen, 13.000 leichte Einheits-Pkw, 25.000 mittlere Einheits-Pkw und 10.000 schwere Einheits-Pkw. Hierbei handelt es sich um Anhaltswerte verschiedener Unterlagen, die teilweise differieren.

— Über **Beutezahlen und Fertigung in besetzten Ländern** liegen nur bruchstückhafte Zahlen vor, wie hier der Bericht des GBK vom 1.11.41:

»Aus der Kfz-Produktion Deutschlands, Frankreichs, Belgiens und Hollands werden für deutsche Zwecke vom 1.9.1939 bis 1.9.1941 nutzbar gemacht: Personenkraftwagen 128.900, Kräder 189.000.«

— Beim Einmarsch in **Österreich** 1938 werden vorgefunden: 73 leichte und 50 schwere Militär-Pkw (Quelle E. Steinböck »Österreichs mil. Potential«).
— Mit der gewaltsamen Aufteilung der **Tschechoslowakei** in das deutsche »Reichsprotektorat Böhmen und Mähren« und die abhängige »Slowakei« im März 1939 erhielt die Wehrmacht Zugriff auf rund 1.600 Pkw der tschechoslowakischen Armee (Quelle Karl Ziskas).
— Über erbeutete **französische** und **englische** Pkw-Bestände liegen leider keine Angaben vor.
— In **Rußland** erbeutete die Wehrmacht bis zum Winter 1941:
873 Pkw, 32 Krankenkraftwagen, 4.913 Lkw und 573 Kräder (Quelle H. Schustereit »Vabanque«)

Aus gleicher Quelle liegt eine Verlust-Bilanz für die ersten 5 Wochen des Rußlandfeldzuges vor, die zu denken gibt:

Verlust	9.100 Kräder,	4.772 Pkw,	6.927 Lkw;
Nachschub	446 Kräder,	337 Pkw,	1.403 Lkw;
Beute	160 Kräder,	92 Pkw,	525 Lkw.

Erhebliche Verluste, wie man sieht — doch mit dem verheerenden Winter 1941/42 kam es noch schlimmer:

Im ersten Halbjahr des Ost-Feldzuges verlor das Heer 103.704 ungepanzerte Kfz (einschließlich 2.208 Anhänger). Was Kfz-Nachschub (und -Fertigung) in diesem Zeitraum leisteten, zeigt folgender Zahlenvergleich:

Kfz-Art	Abgang	Zugang
Kräder	38.601	3.073
Pkw	21.559	3.089
Lkw	36.189	12.139
ZgKw	2.577	276
KrKw	1.250	360

Zwar liefen 1941 für das Heer und die Luftwaffe 13.639 leichte, 9.774 mittlere, 3.509 schwere Pkw, zusammen 26.922 Einheiten (1940 noch 30.075 Einheiten!) vom Band, doch das schaffte der Truppe nicht den erforderlichen Ersatz.

Es ist nicht verwunderlich, daß bei dieser Bedarfslage, die ja beim Rückzug noch viel schlimmer wurde, nun wirklich jedes private oder erbeutete Ergänzungsfahrzeug zur Truppe geholt wurde.

Die Typenvielfalt wurde zwangsläufig immer unübersichtlicher. Insbesondere die Infanterie-Divisionen wurden mit immer mehr Fahrzeugen zweifelhafter Truppentauglichkeit, ausgestattet.

Die Panzer- und mot.-Divisionen kamen hier zwar besser weg, jedoch liefen selbst in auftragsgerecht ausgestatteten Panzer-Divisionen gut 30 verschiedene Kfz-Muster mit untereinander nicht austauschbaren Ersatzteilen (vergl. v. Senger u. Etterlin »Die 24. P.D.«).

Personenkraftwagen im Einsatz

Am 25. August 1939 löste der »x-Befehl« mit Wirkung vom 26. August 1939, 00 Uhr, die verdeckte Mobilmachung des Kriegsheeres, den Angriffsaufmarsch gegen Polen und den Sicherungsaufmarsch im Westen aus. Innerhalb weniger Tage wuchs das Heer von 51 auf 103 Divisionen an — und mußte so um fast 3.000.000 Mann, rund 400.000 Pferde und rund 200.000 Fahrzeuge und Kraftfahrzeuge ergänzt werden.

Die »ergänzten« Kräfte des **Friedensheeres** verfügten über folgende Kfz-Ausstattung:

— 35 Infanteriedivisionen 1. Welle	je 394 Pkw,	615 Lkw,	=	13.790 Pkw,	21.525 Lkw
— 3 Gebirgsdivisionen	je 253 Pkw,	618 Lkw,	=	759 Pkw,	1.854 Lkw
— 4 Infanteriedivisionen (mot)	je 989 Pkw,	1687 Lkw,	=	3.956 Pkw,	6.748 Lkw
— 5 Panzerdivisionen	je 561 Pkw,	1402 Lkw,	=	2.805 Pkw,	7.010 Lkw
— 4 leichte Divisionen	je 595 Pkw,	1368 Lkw,	=	2.380 Pkw,	5.472 Lkw
— 1 Kavalleriebrigade	205 Pkw,	222 Lkw,	=	205 Pkw,	222 Lkw

zusammen also rund 24.000 Pkw und 43.000 Lkw.

»Ergänzen« hieß hier vor allem, aus schwachen Stämmen leistungsfähige »Rückwärtige Dienste« mit verfügbaren Fahrzeugen aller Art, aufzustellen. Auf Typenreinheit konnte unter diesen Umständen keinerlei Rücksicht genommen werden.
Über den Kraftfahrzeugbedarf von Armeetruppen und dergl. sowie insbesondere über den Bestand von Luftwaffe und Marine liegen leider keinerlei Angaben vor.
Der Bedarf des **Kriegsheeres** im Herbst 1939 betrug für neuaufgestellte Großverbände rund 18.000 Pkw und 21.000 Lkw:

— 16 Infanteriedivisionen 2. Welle	je 393 Pkw,	509 Lkw,	=	6.288 Pkw,	8.144 Lkw
— 21 Infanteriedivisionen 3. Welle	je 330 Pkw,	248 Lkw,	=	6.930 Pkw,	5.208 Lkw
— 14 Infanteriedivisionen 4. Welle	je 359 Pkw,	536 Lkw,	=	5.026 Pkw,	7.504 Lkw

Die Kriegsstärkenachweisungen (K.St.N.) deutscher Einheiten zeigen den Personenkraftwagen hauptsächlich als **Führungs- und Verbindungsfahrzeug**.

Auf Kompanieebene beispielsweise fuhr der Kompaniechef mit dem Kompanietruppführer, dem Fahrer und einem Melder im mehr oder weniger geländegängigen Pkw, dichtauf gefolgt von Kradmeldern und der Nachrichtenstaffel, die über Pkw mit Funk- und Fernmeldeausrüstung verfügte. Auch für die jeweiligen Zugführer und den Schirrmeister war je ein Pkw vorgesehen.

Bataillons-, Regiments-, Divisionskommandeure usw. verfügten über eigene Pkw — wobei mit steigendem Dienstgrad bei der Fahrzeugwahl meist mehr auf die Bequemlichkeit als auf die Geländegängigkeit geachtet wurde.

Neben den Fahrzeugen der Feldtruppe fuhr eine erhebliche Anzahl (über die jegliche Angaben fehlen) von Personenkraftwagen in den rückwärtigen Gebieten, im »Heimatkriegsgebiet«, auf Stützpunkten der Luftwaffe, der Marine usw.: eben überall da, wo es auf den schnellen Transport von Personen, Nachrichten und eiligen Gütern ankam.

Ein **gefechtsmäßiger Einsatz** von Personenkraftwagen erfolgte zu Beginn des Krieges vor allem in Panzerjäger-Kompanien, wo die Fahrzeuge als Zugmittel für leichte Pak und Munitionsanhänger eingesetzt waren. Diese Aufgabe wurde später von der Krupp-Protzen bzw. leichten Zugkraftwagen übernommen.
Im Verlauf des Krieges wurden einige Füsilierregimenter (z.B. GD) — in Ermangelung von Schützenpanzerwagen — mit schweren Pkw für den Kampfeinsatz ausgerüstet.
Nach den schmerzlichen Erfahrungen des 1. Rußlandwinters, stellte das Heer Anfang 1942 für die Kradschützenbataillone »leichte Schützenkompanien (mot) (VW)« auf. Diese wurden im März 1943 in »Panzeraufklärungskompanien (VW)« (einer Panzeraufklärungsabteilung) umbenannt. Diese wendigen Einheiten waren mit VW-Kübel und Schwimmwagen ausgerüstet, verfügten über ca. 190 Mann, 22 MG, 2 Granatwerfer und blieben bis Kriegsende Bestandteil der Panzer- und Panzergrenadierdivisionen (vgl. K.St.N. 1113 PzAufkl.Kp. (Volkswg.) 1.11.1944).

Durch mangelnde Geländegängigkeit und vor allem durch die mangelnde Beschußfestigkeit waren dem Pkw-Einsatz natürlich recht enge Grenzen gesetzt.
Trotzdem war »der Pkw« für die Truppe bis zum bitteren Ende unverzichtbar — und ist auch heute noch bei allen Armeen der Welt im Einsatz.

Einteilung und Bezeichnungen

Benennung von Personenkraftwagen nach der D 600 »Anhaltswerte über Kraftfahrzeuge und Gerät« und der Wehrmacht-Truppen-Transportvorschrift.

- **Kfz 1:** leichter gl. Pkw mit Einheitsfahrgestell I für l. Pkw (l. Einheits-Pkw) bzw. mit Fahrgestell des l. Pkw (o)
  4-sitzige Führungs- und Verbindungsfahrzeuge, insbesondere auch der VW-Kübelwagen (l. Pkw K 1, Typ 82) der aber nicht als »gl.« bezeichnet wurde.
- **Kfz 1/20:** leichter gl. Pkw (schwimmfähig)
  VW-Schwimmwagen (l. Pkw K 2 s Typ 166)
- **Kfz 2:** Nachrichtenkraftwagen *und auch* Funkkraftwagen
  3-sitzige Fahrzeuge auf Fahrgestell des l. E-Pkw oder l. Pkw (o) insbesondere Mercedes 170 VK.
- **Kfz 2/40:** kleiner Instandsetzungskraftwagen mit Fahrgestell des l. Einheits-Pkw bzw. l. Pkw (o)
  3-sitzige Fahrzeuge mit einer kleinen Werkstatteinrichtung im Heck.
- **Kfz 3:** leichter Meßtruppkraftwagen mit Fahrgestell des l. Einheits-Pkw bzw. l. Pkw (o)
  4-sitzige Fahrzeuge für Schall-, Lichtmesstrupps usw.
- **Kfz 4:** Truppenluftschutzkraftwagen mit Fahrgestell des l. Einheits-Pkw
  3-sitziges Fahrzeug mit zwei MG 34 im Zwillingssockel 36 zur Flugabwehr.
- **Kfz 11:** mittlerer gl. Pkw mit Fahrgestell des m. Pkw (o)
  4-sitziger Kübelwagen
- **Kfz 12:** mittlerer gl. Pkw mit Einheitsfahrgestell für m. Pkw (m. Einheits-Pkw) *und auch* mittlerer gl. Pkw mit Zugvorrichtung mit Fahrgestell des m. Pkw (o)
  4-sitziger Kübelwagen als Führungsfahrzeug bzw. Pak-Zugmittel.

— **Kfz 13:** Maschinengewehrkraftwagen mit Fahrgestell des m. Pkw (o).
leichtgepanzerter MG-Träger

— **Kfz 14:** Funkkraftwagen mit Fahrgestell des m. Pkw (o).
leichtgepanzerter Funkwagen

— **Kfz 15:** Fernsprechkraftwagen *bzw.*
Funkkraftwagen *bzw.*
Nachrichtenkraftwagen *bzw.*
mittlerer gl. Pkw mit Gerätkasten.
4-sitzige Kübelwagen mit Fahrgestell des m. E-Pkw bzw. des m. Pkw (o). »Kfz 15« wurde bei der Truppe zum Sammelbegriff für Kübelwagen aller Art, selbst für den Steyr 1,5-Tonner. Unterschiede zum Kfz 11 und 12 sind nur schwer erkennbar.

— **Kfz 16:** mittlerer Meßtruppkraftwagen mit Fahrgestell des m. Einheits-Pkw bzw. m. Pkw (o)

— **Kfz 16/1:** Vorwarnerkraftwagen mit Fahrgestell des m. Einheits-Pkw

— **Kfz 17:** Fernsprechbetriebskraftwagen *bzw.*
Funkkraftwagen *bzw.*
Kabelmeßkraftwagen
m. Einheits-Pkw bzw. m. Pkw (o) mit Kofferaufbau

— **Kfz 17/1:** Funkkraftwagen mit Fahrgestell des m. Einheits-Pkw
kein äusserer Unterschied zum Kfz 17 erkennbar

— **Kfz 18:** Gefechtskraftwagen mit Fahrgestell des m. Pkw (o)
2-sitziges Unterstützungsfahrzeug für die Infanterie

— **Kfz 21:** schwerer gl. Personenkraftwagen (6-sitzig) mit Fahrgestell des m. Einheits-Pkw bzw. des schweren gl. Pkw (o) (8-sitzig)

— **Kfz 23:** Fernsprechkraftwagen mit Einheitsfahrgestell II für schwere Pkw (s. Einheits-Pkw)
7-sitziges Fahrzeug mit zusätzlicher Seitentür am Heck

— **Kfz 24:** Verstärkerkraftwagen mit Fahrgestell des s. Einheits-Pkw
4-sitziges Fahrzeug mit Kofferaufbau

— **Kfz 31:** Krankenkraftwagen mit Fahrgestell des s. Einheits-Pkw bzw. des l. Lkw (o).
Es wurden nur wenige Kfz 31 auf Basis s. Einheits-Pkw gebaut, da er mit einem Eigengewicht von 3050 kg gegenüber dem Phänomen-Granit (2400 kg) zu schwer war.

— **Kfz 69:** Protzkraftwagen mit Fahrgestell des s. Einheits-Pkw bzw. des l. gl. Lkw (o)
6-sitziges Fahrzeug als Zugmittel für leichte Pak u. dergl.; Eigengewicht des s. E.-Pkw: 3150 kg, der Krupp-Protze: 2700 kg.

— **Kfz 70:** Mannschaftskraftwagen mit Fahrgestell des s. Einheits-Pkw bzw. des l. gl. Lkw (o).
8- bzw. 9-sitziges Fahrzeug, Aufbau eines Fla-MG möglich.

— **Kfz 81:** leichter Flakkraftwagen mit Fahrgestell des s. Einheits-Pkw bzw. des l. gl. Lkw (o)
7-sitziges Fahrzeug als Zugmittel für leichte Flak u. dergl.

— **Kfz 83:** leichter Scheinwerferkraftwagen I u. II mit Fahrgestell des s. Einheits-Pkw bzw. des l. gl. Lkw (o)
5-sitziges Fahrzeug als Transport- bzw. Zugmittel für Stromgenerator und Scheinwerfer.

Verladeklassen

Zur optimalen Ausnützung des knappen Eisenbahn-Transportraumes wurde das gesamte rollende Material der Wehrmacht in »Verladeklassen« eingeteilt.
Leichte und mittlere Pkw liefen unter Verladeklasse II, ein schwerer Pkw (o) z.B. unter Verladeklasse Ib.
Der Vollständigkeit halber wird hier die gesamte Übersicht abgedruckt.

Verlade-klasse	Gewicht der Fahrzeuge	Länge der Fahrzeuge
I	bis 17,5 t	von 7,21 m bis 11,14 m
Ia	bis 12,5 t	von 6,01 m bis 7,20 m
Ib	bis 10,0 t	von 5,01 m bis 6,00 m
II	bis 7,5 t	von 3,54 m bis 5,00 m
III	bis 5,0 t	von 2,51 m bis 3,53 m
IV	bis 4,0 t	bis 2,50 m
A	über 17,5 t bis 26,5 t	bis 9,28 m
S	ohne Rücksicht auf Gewicht	über 11,14 m
S	über 17,5 t	von 9,29 m bis 18,08 m
S	über 26,5 t	ohne Rücksicht auf Länge

Ein R-Wagen der Reichsbahn konnte beispielsweise 2 Fahrzeuge der Verladeklasse II aufnehmen.

So wurde die Klassifikation von Wehrmachtsfahrzeugen vorschriftsmäßig auf den vorderen Türen angebracht. Seltsamerweise ist das Leergewicht dieses Funkkraftwagens Mercedes-Benz Typ 170 VK mit 1775 kg angegeben, was in etwa dem Gefechtsgewicht entsprach. Das Eigengewicht (betriebsbereit) lag bei 1225 kg.

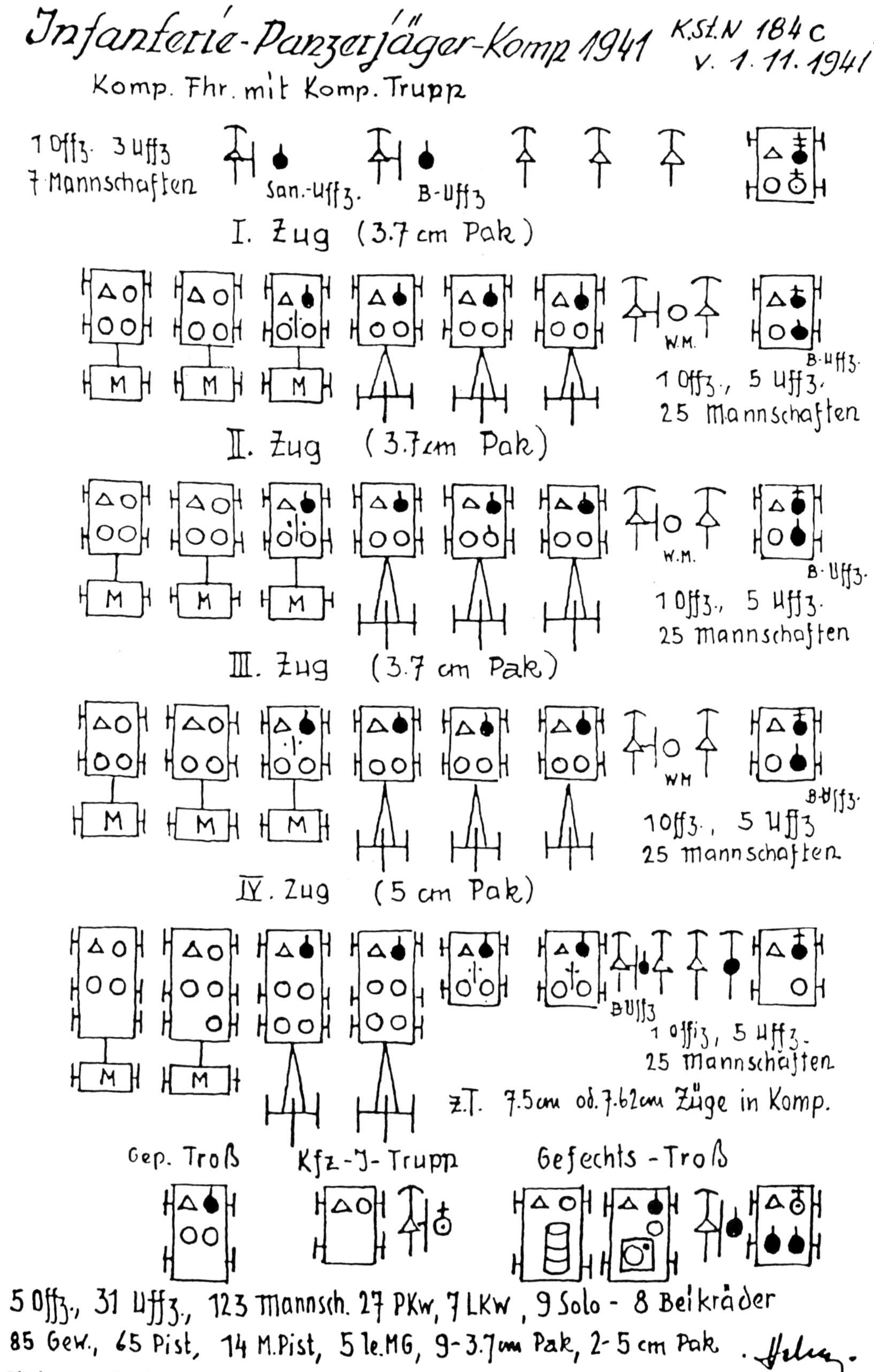

Gliederung und Fahrzeugbestand der Panzerjäger-Kompanie eines Infanterie-Regiments. (Aus Feldgrau)

Gliederung und Fahrzeugbestand einer Panzer-Beobachtungs-Batterie. Die Nummern unter den Fahrzeugen geben die Kfz-Nummern an. (Aus Feldgrau)

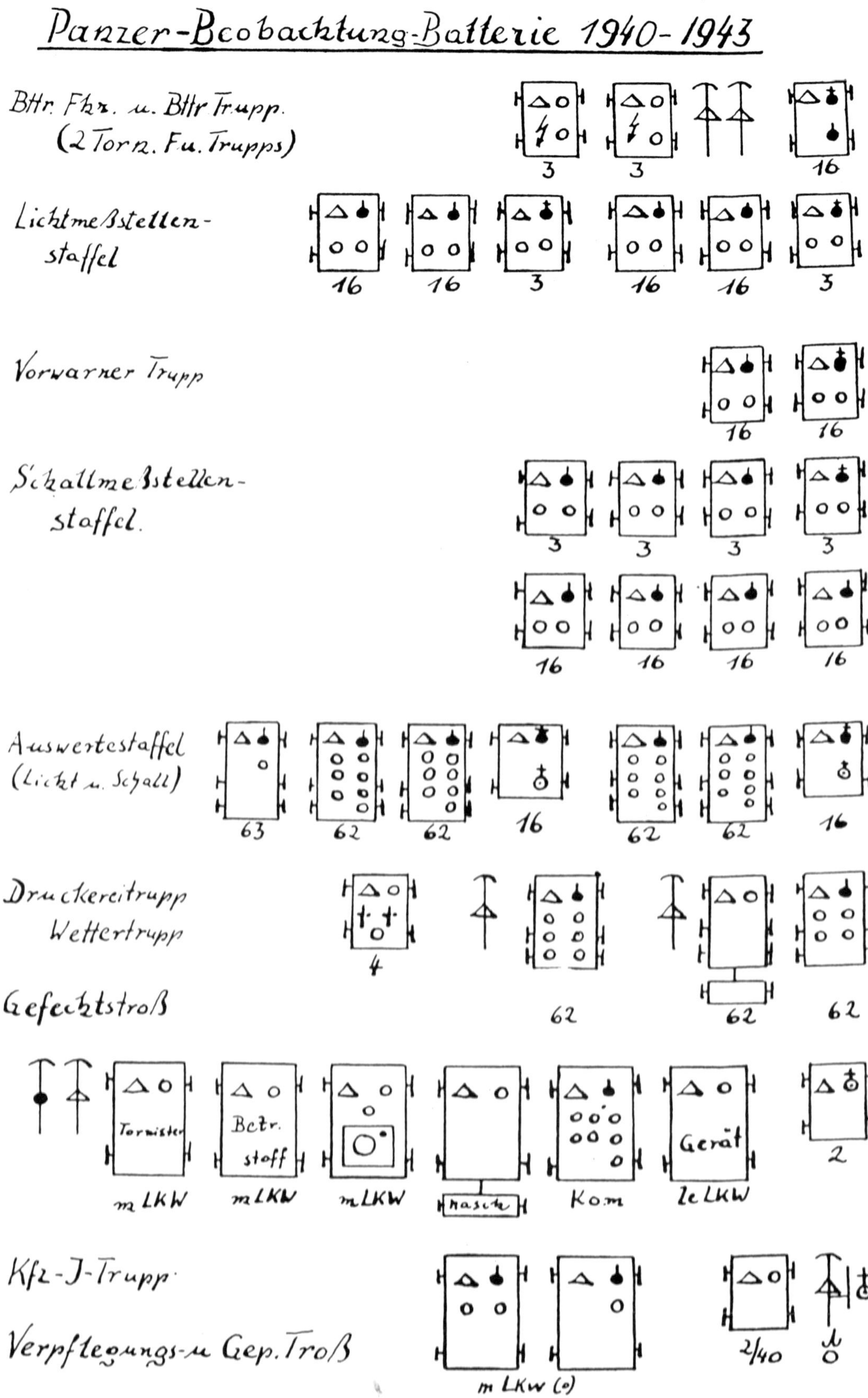

Gliederung und Fahrzeugbestand einer Kompanie des Heeres-Fliegerabwehr. Das Schaubild stammt aus »Hermann Freter-Fla nach vorn!« und zeigt gut, welche Soldaten den einzelnen Wagen zugeordnet waren.

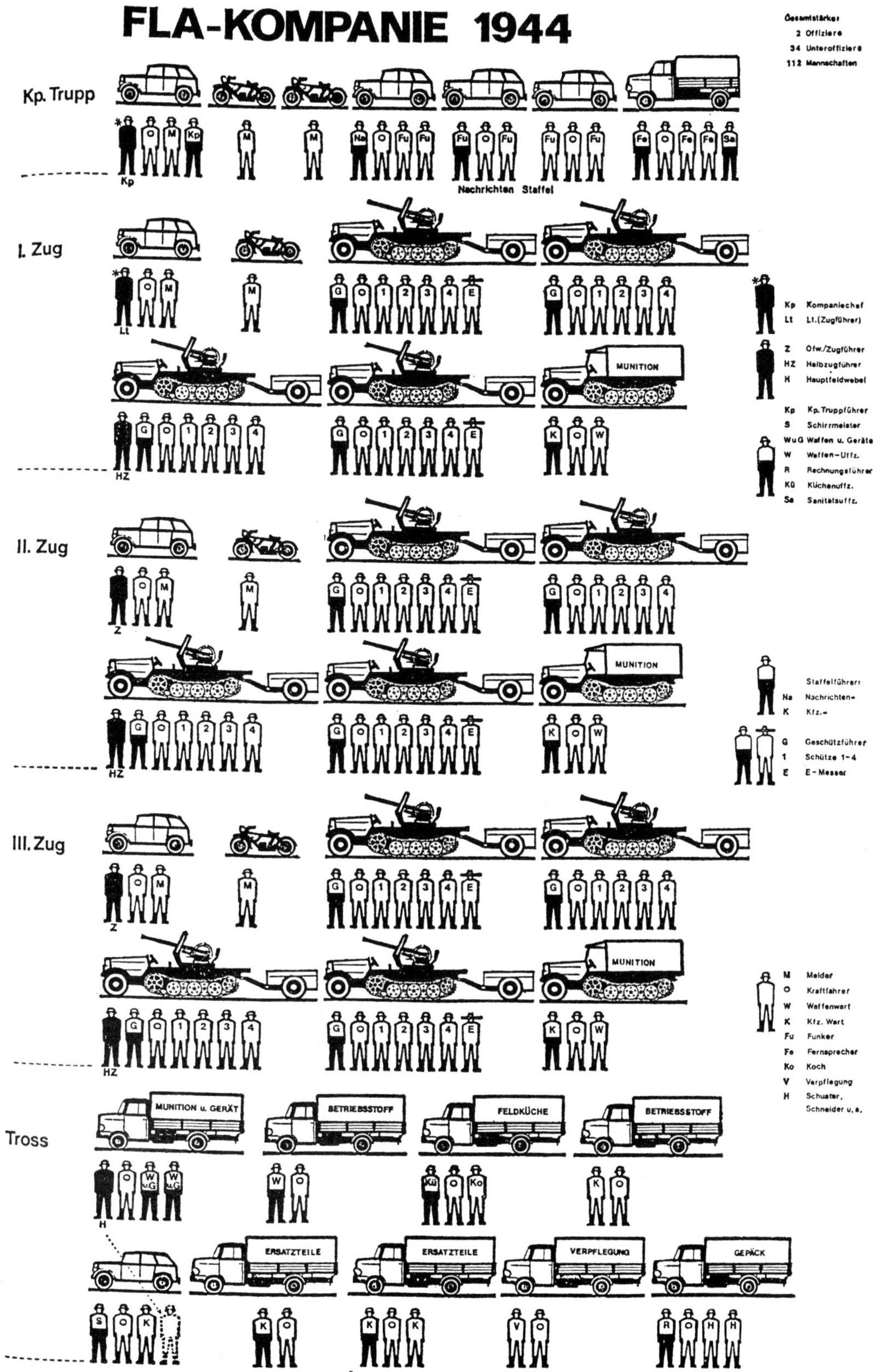

Automarken in Deutschland

Die folgende Liste stammt aus den Unterlagen einer Truppeningenieur-Schulung des Jahres 1944 und zeigt zum Thema Frostschutzmittel die Kühlsysteminhalte der in Deutschland (etwa 1937) vertretenen Autotypen. Sicher ist diese Liste nicht absolut vollständig, gibt aber einen guten Überblick über die Pkw, die damals in Deutschland liefen – und sicherlich auch eingezogen wurden.

Fabrikat	Type	Kühlsysteminhalt Liter
Adler	Trumpf Junior 1 E, 1 G	9
	Trumpf 1,5 AV, 1,7 AY, 1,7 EY	11
	Primus 1,5 A, 1,7 A	9
	Primus 1,7 E	11
	Favorit 8J, 2S, 2A, 2U	15
	Diplomat 3 G	18
	Diplomat 3 G d	20
	Standard 6 A, 6 S, 6/3U	16
	Standard 6	17
	Standard 8	22
	2,5 L 58 PS	15
Alfa-Romeo	6 C 1500: Sport, Normale	10
	6C 1750: Turismo, Gran Turismo	10
	Gran Sport	12
	6C: GranTurismo Compress.	12
	6C 2300: Turismo, Gran Turismo, Pescara	14
	6 C 2300 B	13
	8 C 2300: Monza	12
	Gran Sport, Tipo lungo	15
	8 C 2900 B	13
Amilcar	4/20, 5/30	8
	10/65	27
Auburn	6/80-6/85	16
	8/90-8/95	19
	120-125	19
	8/98-8/98 A	24
	8/100, L 29	22
	12/160	42
Audi	P 5/30	11
	14/50	32
	Dresden 3,9 15/75	23
	UW 6 Cyl. Front	14
	Typ 225	14
Austin	3/15, 3/17	6
	5/25, 5/28	10
	6/30, 6/35	13
	7/40	14
Austro-Daimler	ADM II, ADR Sport	20
	ADR	21
	ADR Bergmeister	16
	ADR 8 Cyl.	25
BMW	0,9 Ltr., 1,5 Ltr., 1,5 Ltr. Sport	7
	2 Ltr., 2 Ltr. Sport	8
	2 Ltr. 1938 Type 328	8
	2 Ltr. Sport Type 328	7
Brennabor	C 4/20, D 4/22	10
	Ideal-Extra 7/30	12
	E 8/38	16
Bugatti	Typ 40 1,5 Ltr.	10
	„ 44 3 „	11
	„ 46 5,3 „	23
	„ 49 3,3 „	12
	„ 50 4,9 „	23
	„ 55 2,3 „	10
	„ 57 3,3 „	12
Buick	8/50 1931/32	12
	8/60 1931/32	14
	8/90 1931/32	18
	32-50, 33-50	12
	32-60, 33-60	15
	33-80/90; 32/90	18
	Mod. 40 1934/35	13
	„ 50 „	15
Buick	Mod. 60 1934/35	17
	„ 90 „	22
	„ 40 1936	13
	„ 60, 80, 90 1936	16
Cadillac	V 8 1931/3	23
	„ 1934	19
	„ Serie 60 1936	28
	„ „ 70, 75 1936	27
	V 12 1931/3	25
	„ 1934	17
	„ Serie 80, 85 1936	18
	V 16 1931/4	22
	„ Serie 90 1936	23
Chevrolet	Standard Mod. EC	10
	Master Mod. EA	10
	alle Serien 1936	12
Chrysler	Six 1931/34	15
	Eight 1932/33	19
	Eight 1934	22
	Imperial 1933	20
	„ 1934	22
Citroën	Mod. 1930/31 C4F	10
	„ 1932 C4G	12
	„ 1933/34 8A	10
	„ „ 10A	12
	„ 1934-36 Typ „7" u. „11"	8
	Mod. 1931/32 C6F	14
	„ 1932/33 C6G	14
	„ 1933/34 15A	17
Daimler-Benz	s. Mercedes-Benz	
De Soto	Six 1931/33	14
	1933	15
	1934	19
	Eight	15
DKW	Frontwagenmodelle	8
	Schwebeklasse	11
	Sonderklasse	12
Essex	1927/32	21
	Terraplane: 1932	12
	6C 1933, 1937	12
	8C 1933	15
	1934/35	17
	6 – 1936	13
	Hudson 6	17
	Hudson 8	22
	Hudson 6 – 1936	13
	„ 8 – 1936	20
	„ 6 – 1937	12
	„ 8 – 1937	19
Fiat	500	5
	508 „Balilla"	7
	514, 515, 1500	8
	509, Ardita	10
	520, 520 T	13
	521, 521 C	14
	522-524	13
	525, 525 N u. S	19
	525 SS u. NS	19
	527 (Ardita 2500)	12
Ford	Mod. A, AF	11
	„ B, Rheinl.	13
	Y 4/21 PS Köln	7
	C 5/34 PS Eifel	7
	48	21
	51 V 8	24
Gräf & Stift	MF 6	17
	Sp. 5, Sp. 6, G 8, G 35, G 36	25
	Sp. 8, Sp. 9	26
Hanomag	2/10	6
	16, 18, 20, 23	9
	6/32	10
	Kurier 4/23	11
	Record 6/32	12
	Sturm 9/50	13
Hansa	1100	8
	1700, 2000	10
	3500	16
Hispano-Suiza	25/100	27
Horch	420, 450	24
	500 B 20/100	24
	600/670 12 Cyl.	34
	780 20/100	24
	750 B, 850, 851, 853	24
	830 Bl, 830 Bl, 930 V	21
	951	25
Lancia	Aprilia	7
	Augusta	8
	Artena	13
	Lambda 8. u. 9. Serie	14
	Astura 3. Serie	17
	Dilambda	27
	Dilambda-Sport	27
La Salle	1932-33 V/8	23
	1934 – 8	17
	1936 36-50	15
Martini	–	25
Mathis	EMY-4, M4s	12
	FO4	18
	EMY-6, FOS	14
Maybach	DS 12 Zyl. 150 PS	ca. 43
	DS 12 „ 200 PS	„ 43
	W 3/6 „ 70 PS	„ 24
	W 5/6 „ 120 PS	„ 26
	W 6/6 „ 120 PS	„ 26
	DSh/6 „ 130 PS	„ 26
	3,8 Ltr. / 6 Cyl. Schwingachse	„ 14
Mercedes-Benz	130	10
	150	13
	170, 170V, 200, 230, 260 D, L 300	11
	170 H	9
	Stuttg. 200, 260	15
	L 1000	15
	290, 350 14/60	19
	320 (WO 4) 1926/8	18
	320 1937	12
	370, 370 K, 370 S	18
	380	20
	460, 500, 500 K, 540 K	26
	770 Gr. Mercedes	32
Nash	480	15
	Nash Adv. 6	16
	490	20
	450, 660, 660 KB	12
	870	13
	880	16
	890	21
	1130/80	15
	Big six	17
NSU-Fiat	Mod. 1000 4/25 PS	7
	„ 1500 6 Zyl.	8
Opel	8/40 1929/30	17
	4/20 1930	12

Fabrikat	Type	Kühlsysteminhalt Liter
Opel	1,1 Ltr. 1931	12
	1,2 ,, 1931-35	6
	1,8 ,, 1931-33	8
	1 ,, 1933	9
	1,3 ,,1934/35	8
	1,3 ,, Olympia	7
	1,1 ,, P 4 1935/38 (bis Motor Nr. 33000)	9
	1,1 ,, P 4 1936/37 ab Motor Nr. 33001)	6
	1,1 ,, Kadett 1937	6
	2,0 ,, 1934/37	9
	2,5 ,, Super 6	12
Packard	120	16
	326-33	18
	726, 733	19
	740	24
	745	25
	833, Light Eight	20
	901, 902	20
	1002	19
	Twin-Six	40
Peugeot	201	9
	301	10
	401	11
	402, 601	12

Fabrikat	Type	Kühlsysteminhalt Liter
Plymouth	—	14
	Code PJ	15
Renault	Celtavier, Monavier	12
	Primavier, Vivavier	13
	Primastella	16
	Vivasport, Vivastella, Viva Grand Sport	18
	Nervasport, Nervastella, Nerva Grand Sport	22
	Reinasport	24
Röhr	9/50	12
	RA 2,5 Ltr. 10/55	20
	F 3,3 ,, 13/75	25
Rolls-Royce	17/80	23
	30/150	31
Standard	Sämtliche Typen	8
Steyr	30, 30 S, 30 E, 430, 45	10
	50	10
	100, 120 S, 200, 220 S	11
	530, 630	12
	440	20
Stoewer	D 9 9/32, D 9 V 9/38	19
	F 6 6/30	10
	G 14 14/70, G 14 K 14/70	19
	G 15 15/80, G 15 K 15/80	23
	M 12 12/60	20

Fabrikat	Type	Kühlsysteminhalt Liter
Stoewer	P 20 20/100	36
	S 8 8/45	16
	S 10 10/50	19
	V5 5/25 Frontantr.	12
	V 8 Frontantrieb	20
	R 140/30 ,,	10
	R 150/32 ,,	10
	R 180/42 ,,	12
	Sedina	18
	Arkona	21
Studebaker	Six, Dictator	14
	Commander 8	18
	President 8	18
Tatra	23/24	36
	24/58	47
	27	26
	70	30
	80	35
Wanderer	6/30	8
	7/35, 8/40	7
	10/50, 12/65	11
	W 235, 240, 250	8
	W 23, 26, 52	10
	W 24	7
	W 25 Sport	8
	W 35, 40, 50, 51	8

Fabrikmarken bekannter Automobilfirmen

Quelle: »Schlag nach!« Ausg. 1940

Deutsche Personenkraftwagen

Einheits-Personenkraftwagen

Der leichte Einheits-Pkw

In der D 662/1 vom 22.4.1940 heißt es: »Das Einheitsfahrgestell I für leichten Pkw ist ein allradangetriebenes Kfz heereseigener Bauart. Die Ausführung des Fahrgestells ist bis auf den wahlweisen Einbau verschiedener Motoren, Schmierungen und elektrischer Ausrüstung bei sämtlichen Baufirmen einheitlich«.
Die erste Ausführung, die von 1936-1940 gebaut wurde, hatte 4-Rad-Lenkung. Diese bewährte sich aber nicht, da sie bei Geschwindigkeiten über 25 km/h zu gefährlichem Fahrverhalten führte und im Gelände keine entscheidenden Vorteile brachte. Zum Einbau gelangten vier verschiedene Motoren, die genormte Befestigungspunkte und Kurbelwellenanschluß hatten:
1) Hanomag-Motor 2 l, Typ 20 B (1.991 cm^3, 48 PS Dauerleistung, 4 Zyl.)
2) BWM-Motor 2 l, Typ 325 (1.957 cm^3, 45 PS Dauerleistung, 6 Zyl.)
3) Stoewer-Motor 1,8 l, Typ R 180W (1.757 cm^3, 42 PS Dauerleistung, 4 Zyl.)
4) Stoewer-Motor 2 l, Typ AW 2 (1.997 cm^3, 48 PS Dauerleistung, 4 Zyl.)
Der Austausch von Motoren untereinander war mit erheblichen Anpassungsschwierigkeiten verbunden. Der Stoewer 1,8 l hatte z.B. den Kraftstoffanschluß rechts und den Auspuffkrümmer links — der Stoewer 2 l genau entgegengesetzt. Es gab zwei verschiedene Schalttafeln (Instrumentenbretter), je nachdem, ob der elektrische Einheitsschaltkasten zum Einbau kam oder nicht. Das Abschmieren erfolgte bei den ersten Serien von Hand, wobei an Lenkung und Antrieb 42 Schmierstellen alle 1.000 km mit Fett zu versorgen waren. Bei Wagen mit Zentralschmierung mußte lediglich alle 50 bis 100 km »einmal kurz und kräftig auf den Pumpstößel getreten« werden, um Motorenöl über ein Rohrsystem zu den Schmierstellen zu drücken.
Diese Uneinheitlichkeiten des Einheitsfahrzeuges sollten 1940 durch das »Einheitsfahrgestell I für l. Pkw Typ 40« bereinigt werden. Der »Typ 40« hatte den Stoewer 2 l-Motor AW 2, Zweiradlenkung, Öldruck- anstelle Seilzugbremsen, Einheitsschaltkasten, Zentralschmierung und ein um 100 kg auf 1.280 kg verringertes Fahrgestellgewicht. Die Fertigung von Fahrgestell und Aufbau oblag nun ausschließlich der Fa. Stoewer, Stettin. Die vorhergegangenen Fahrgestelle wurden, außer bei Stoewer, bei BMW, Eisenach und Hanomag, Hannover; die Aufbauten meist bei Ambi-Budd, Berlin, gefertigt.
Im Einsatz, besonders unter »russischen« Bedingungen, zeigten sich schwere Schäden an Rahmen, Radaufhängungen, Kupplung, Gelenkwellen, Lenkung und dergleichen. Trotz all dieser Mängel erinnern sich aber heute noch viele ehem. Soldaten — mit viel Nachsicht — gerne an dieses außerordentlich geländegängige und wendige Fahrzeug.

»Einheits-Fahrgestell I für leichten Personenkraftwagen« mit Vierradlenkung. Am Heck der Kraftstoff-Hauptbehälter mit 50 Liter Inhalt; ein weiterer Vorratsbehälter mit 10 Liter Inhalt befand sich an der Spritzwand. Dieser Kraftstoffvorrat reichte laut D 600 für eine Fahrstrecke von 350 km auf der Straße und 240 km in mittlerem Gelände. Abgebildet ist ein Fahrgestell mit Motor Stoewer 1,8 l Typ R 180 W.

Schalttafel eines Einheits-Fahrgestell I für l. Pkw (mit Einheits-Schaltkasten) nach D 662/1 Ausg. 22.4.40

1 Öldruckmesser
2 Kühlwasserthermometer
3 Schalttafelbeleuchtung
4 Kontrollampe für Fernlicht
5 Geschwindigkeitsmesser
6 Zug für Starterklappe
7 Zug für Handgas
8 Winkerschalter
9 Steckdose für Scheibenwischer
10 Einheitsschaltkasten
11 Steckdose für Handlampe
12 Kühlerklappenwandbetätigung
13 Zeituhr
14 Kraftstoffhahn
15 Sicherungsleiste
16 Zentraldruckschmierung

Zwei Funkkraftwagen (Kfz 2) des Pz.Pi.Btl. 79 der 4. Pz.Div. auf dem Weg zur Beresina. Das Kfz 2 war mit einem Tornisterfunkgerät b1 oder f ausgerüstet. Die Geräteeinheit bestand aus dem Geräte- und dem Zubehör/Batterietornister. Diese waren, durch Spannbänder abnehmbar, auf dem Tornistersockel neben dem linken, hinteren Sitz aufgebaut. Während der Fahrt konnte sowohl über die Geräteantenne als auch über die abnehmbare Fahrzeug-Stabantenne (2 m) der Funkbetrieb aufrecht gehalten werden. Bei allen leichten Einheits-Pkw mit schrägem Heck befand sich das Ersatzrad im Heckraum über dem Treibstoff-Hauptbehälter. Für die persönliche Ausrüstung, Kleidung, Verpflegung, Biwak usw. war in diesen Wagen keinerlei Platz vorgesehen, und so mußte alles in Säcken und Kisten »irgendwo« befestigt werden.

Zwei »Funkkraftwagen (Kfz 2) mit dem Einheitsfahrgestell I für l. Pkw« des Btl.-Stabes des Pi.Btl. 18 kurz vor Wilna im Sommer 1941. Im Hintergrund Funkwagen des Nachrichtenzuges. Gut erkennbar der Antennenfuß für die Fahrzeug-Stabantenne an der linken Fahrzeugseite, hinter dem Knüppelteppich.

Zahlreiche Einschläge in der rechten (stets eintürigen) Seite des Kfz 2 des Fla-Bataillons 47, zeigen die leichte Verwundbarkeit von ungepanzerten Fahrzeugen im Einsatz. Die »Fla« war die Fliegerabwehrtruppe des Heeres, während die »Flak« der Luftwaffe unterstand. Die Aufnahme entstand im Frühjahr 1941 entweder in Albanien oder Griechenland.

Leichter Einheits-Pkw einer unbekannten Luftwaffeneinheit auf einem Bauhof in Smolensk. Dem schrägen Heck und dem fehlenden Antennenfuß nach, könnte es sich entweder um einen »Nachrichtenkraftwagen (Kfz 2)« oder um einen »kleinen Instandsetzungskraftwagen (Kfz 2/40)« handeln.

Zwei leichte und ein mittlerer Einheits-Pkw Anfang Juli 1941 kurz vor der Düna bei Jakobstadt. Der mittlere Einheits-Pkw (offensichtlich ein Kfz 15) gehörte zum Panzer-Regiment 1 und führte den Stander einer Stabseinheit; am Nummernschild (!) ist das Divisionsabzeichen der 1. Pz.Div. erkennbar. Dahinter stehen Krad-Melder und ein »Funkkraftwagen (Kfz 2) mit dem Einheitsfahrgestell I für l. Pkw«. Das überholende Fahrzeug ist ein leichter Einheits-Pkw der Luftwaffe.

Der »Truppenluftschutzkraftwagen (Kfz 4) mit Einheitsfahrgestell I für l. Pkw« trat sehr wenig in Erscheinung. Laut Kriegsstärkenachweisung war nur immer ein einzelnes Kfz 4 vorgesehen für z.B. die Geschützstaffel einer Batterie leichter Feldhaubitzen, den Wettertrupp einer Panzer-Beobachtungs-Batterie oder den Auswertezug einer Vermessungsbatterie. Das Fahrzeug war viel zu eng für zwei MG 34 in Zwillingslafette 36 und konnte offensichtlich nur nach vorne schießen. In der »Beschreibung des MG 34 . . . in der Fliegerabwehr« von Oberst A. Butz von Mai 1943 ist es nicht mehr erwähnt. Das Kfz 4 hatte ein gerades Heck mit außenliegendem Ersatzrad und wahrscheinlich nur 3 Türen.

Ein »leichter gl. Personenkraftwagen (Kfz 1)« bzw. »leichter Meßtruppkraftwagen (Kfz 3)« der ungarischen Armee. Beide Fahrzeugtypen hatten ein gerades Heck mit außenliegendem Ersatzrad, 4 Mann Besatzung und 4 Türen.

Beim I.R. 54 lief im Herbst 1940 in der Hindenburg-Kaserne in Glogau diese »Panzerkampfwagennachbildung« mit Einheitsfahrgestell I für l. Pkw«. Der hölzerne Aufbau war abnehmbar. Links ein Wanderer W 14 mit dem Regimentskommandeur Ritterkreuzträger Oberst Recknagel beim Einsteigen (er fiel als Kommandierender General eines Armeekorps noch am 18.1.45).

Willy, der »Tommy mit dem Franzosenhelm« wird »erledigt«. Damals spekulierte man noch mit einer Landung in England — an einen Krieg mit Rußland dachte niemand. Am linken Kotflügel erkennt man das Zeichen der 18. I.D. (mot.) und den abgedeckten Sockel des Tarnscheinwerfers. Das I.R. 54 kam am 10.12.40 zur 100. leichten I.D.

Eine besondere Rarität unter den leichten Einheits-Pkw's war die verschmälerte »Gebirgsjägerausführung« mit der von 1400 mm auf 1250 mm verringerten Spurweite. Dieses Fahrzeug wurde 1942 auf der Straße von Trondheim nach Kirkenes fotografiert. Es trägt das taktische Zeichen für 2. Bataillon und das gelbe Edelweiß der 6. Gebirgsdivision.

Ein leichter Einheits-Pkw in »Gebirgsjägerausführung« inmitten der bedrückenden Szene einer zusammengeschossenen französischen Kolonne bei Mondrepuis. Die Aufnahme stammt aus einem Album der II./Geb.Art.Rgt. 79.

Der mittlere Einheits-Pkw

Das »Einheitsfahrgestell für mittleren Personenkraftwagen« gab es in den Ausführungen »mit Stützachse«, »Typ 40« und »mit Kabriolett-Aufbau«. Alle Fahrzeuge hatten 4-Rad-Antrieb und Vorderrad-Lenkung.
Die Fertigung der Fahrgestelle erfolgte durch die Auto Union AG und die Adam Opel AG.

Folgende Fahrgestellnummern sind in der D 663 ff festgehalten:

ab Nr. 10 001 — Auto Union, Werk Wanderer, Siegmar, »Stützachse«, Horch, 3,5 l, 8 Zyl. V-Motor, 80 PS.
ab Nr. 20 001 — Auto Union, Werk Horch, Zwickau, sonst wie vorstehend.
ab Nr. 30 001 — Opel, Rüsselsheim/Brandenburg, »Stützachse«, Opel 3,6 l, 6 Zyl. Reihenmotor, 68 PS.
ab Nr. 40 001 — Auto Union, Werk Wanderer, Siegmar, »Typ 40«, Horch 3,5 l, 8 Zyl. V-Motor, 80 PS.
ab Nr. 50 001 — a) »Typ 40«, Werk Horch, sonst wie vorstehend.
b) »Kabriolett-Aufbau«, Werk Horch, Horch 3,8 l, 8 Zyl. V-Motor, 90 PS.

Das »Einheitsfahrgestell Typ 40« unterschied sich äußerlich nur durch den Fortfall der seitlichen Stützräder und durch die herausgezogenen Kraftstoff-Einfüllstutzen.

Der Tausch eines Horch- mit einem Opel-Motor erforderte neben der Abänderung von Kraftstoff- und elektrischen Leitungen, Motorschutzblechen, Kühlerstreben und dergl., einen Kupplungstausch einschl. Gestänge, teilweise neue Auspuffanlage, neue Längsgelenkwelle, Wechsel-/Zusatzgetriebe und typabhängig ein neues Schaltgetriebe.

Auch der mittlere Einheits-Pkw zeigte im harten Einsatz schwere Mängel an Rahmen, Radaufhängungen und Kraftübertragung. Die D 663/1 (Ausgabe 16.1.1942) erhielt deshalb eine Anlage über die feldmäßige Achsverstärkung und den Einbau von Zusatzfedern.
Die Fahrgestelle mit Stützachse waren nur teilweise mit Zentralschmierung ausgestattet, während alle »Typ 40« darüber verfügten. Die Geländegängigkeit war durch die geringe Bodenfreiheit und das hohe Gefechtsgewicht (Fu. Kw. Kfz 15, ca. 3,3 to) stark eingeschränkt. Sehr gelobt wegen ihrer Zuverlässigkeit und Kraft wurden aber die verwendeten Motore, wenn diese auch viele Wartungsprobleme aufwarfen.

1. Anhängekupplung
2. Auspuffendrohr
3. Schwimmer für Kraftstoffuhr
4. Reservebehälter
5. Kraftstoffeinfüllschraube
6. Oberer Lenker
7. Federtöpfe
8. Nadelgelenkwelle
9. Hinterachsantrieb
10. Laufrad
11. Stoßdämpfer
12. Verbindungsschlauch für hydraul. Bremszylinder
13. Seilbremszug
14. Hauptkraftstoffbehälter
15. Batterie
16. Kardanwelle (vom Zwischengetriebe zum Hinterachsantrieb)
17. Flansch für Reserverad
18. Reserverad
19. Schalthebel für Zwischengetriebe
20. Schalthebel für Schaltgetriebe
21. Handbremshebel
22. Bremsfußhebel
23. Kupplungsfußhebel
24. Lenkrad
25. Bremsölleitung vom Verteilerstück zum hinteren rechten hydraulischen Bremszylinder
26. Entlüftungsleitung für Zwischengetriebe
27. Zwischengetriebe
28. Bremswelle für Handbremse
29. Kardanwelle (vom Schalt- zum Zwischengetriebe)
30. Spannschloß für Handbremsgestänge
31. Schaltgetriebe
32. Kardanwelle (vom Zwischengetriebe zum Vorderachsantrieb)
33. Luftfilter
34. Zündspulen
35. Zündstromverteiler
36. Kraftstoffpumpe
37. Ansaugrohr
38. Auspuffkrümmer
39. Kühlwasseraustrittsrohr mit Anschluß für Thermometer
40. Verbindungsschlauchstück
41. Kühler
42. Ventilator (Windflügel)
43. Ölfilter
44. Zughaken
45. Lichtmaschine
46. Verteilerstück für Bremsölleitung

Fahrgestell des mittleren geländegängigen Einheits-Pkw mit Stützachse

»Mittlerer gl. Pkw mit Einheitsfahrgestell für m. Pkw« der Luftwaffe. Laut HDv 68/5 (Stand 1.4.1943) gab es einen »m.gl. Pkw (Kfz 12)« und einen »m.gl. Pkw mit Gerätekasten (Kfz 15)«. Ein äusserer Unterschied ist nicht erkennbar. Die Truppe sprach fast ausschließlich vom Kfz 15. In den beidseitig angeordneten Kästen hinter den Vorder-Kotflügeln waren die Gleitschutzketten untergebracht. Beim gezeigten Fahrzeug fallen die Lüftungsklappen — anstelle der Schlitze — auf der Motorhaube auf.

Innenansicht eines mittleren Einheits-Pkw des Schützenregiments 394.

Zwei mittlere Einheits-Pkw der Nachrichtenabteilung 27 bei einer Vorkriegs-Übung in Mühldorf am Inn.

Kompanie-Trupp der 5. Kompanie des Eisenbahn-Pionier-Regiments 3 auf Erkundung bei Bastogne. Der Kabelbock-Halterung auf dem Kotflügel nach dürfte es sich um einen »Nachrichtenkraftwagen (Kfz 15) mit Einheitsfahrgestell für m. Pkw« handeln, der hier als Vermessungswagen eingesetzt ist.

Ein mittlerer Einheits-Pkw (WH-242 853) 2./Pi.Btl. (mot.) 20 (Hamburg) umfährt eine tschechische Straßensperre während des Einmarsches im Sudetenland im Oktober 1938. Am Heck ein kleiner Floßsack, an der Motorhaube die Steckpaddel und hinter dem Fahrer eine Rolle Sperrdraht. Dieses türlose Fahrzeug der 1. Serie hatte im Sommer 1940 in Paris einen Frontalzusammenstoß mit einem Einheits-Diesel der zum Totalausfall führte.

Übersetzen eines mittleren Einheits-Pkw des Pi.Btl. 156 über die Yser mittels einer Floßsack-Fähre.

Bereitstellung von Panzerjägern einer der 5 Heeres-Panzerjäger-Abteilungen die mit »4,7 cm Pak (t) (Sf) auf Panzerkampfwagen I Ausf. B« ausgerüstet war. Links ein Nachrichtenkraftwagen (Kfz 15) mit Fliegersichtzeichen, dahinter ein eingezogener Mercedes und ein »Granit«-ähnlicher Lkw.

Ein mittlerer Einheits-Pkw mit offener Heckklappe im Ilmensee-Gebiet.

Appellmäßiges Antreten der 16. (Pz.Jäg.) Komp. des Gebirgsjägerregiments 85 bei Atlanthi (Griechenland) am Kanal von Atlanthi – südlich der Thermopylen.
Links der Komp.-Führer mit Kompanietrupp und anschließend die 4 Züge, ausgerüstet mit Zugkraftwagen 1 t (SdKfz 10) für Pak 3,7 cm, am Kopfende jeweils die Zugführer mit Kfz 15. Rechts der Gepäck- und Gefechtstroß mit Einheits-Diesel und ganz aussen das Kfz 2/40 des Kraftfahrzeug-Instandsetzungs-Trupps.

Im ukrainischen Schlamm waren Kotflügel durchaus von Wichtigkeit, sonst wurde, wie hier, das schöne Fahrzeug bis zur Unkenntlichkeit mit Dreck bepflastert. Im Bild ein mittlerer Einheits-Pkw der I.D. (mot.) »Großdeutschland«.

Fahrzeuge der 1. Sanitätskompanie der 6. SS-Gebirgs-Division »Nord« bei einer Rast im Sodankylä (Finnland) im Herbst 1942. (SS-97 270).

So sah der mittlere Einheits-Pkw des vorstehenden Fotos von vorne aus, hier in einem Graben an der Straße nach Nivalla. Diese Straße hatte es anscheinend in sich (vergleiche hierzu »Ford im Graben« im Buch »Lkw der Wehrmacht« Seite 80) !

Am 19.6.1940 kam es bei Chateau Gontier (westl. Le Mans) für die Pz.Jg.Abt. 31 zum letzten Gefecht des Westfeldzuges. Auf deutscher Seite wurden 2 Spähwagen, 2 Kübel und 1 Krad abgeschossen. In Bild ein brennender mittlerer Einheits-Pkw des 1. Zuges (WH-69714).

Foto aus einem Album der II./Geb.Art.Rgt. 79: »Dieser Pkw (mittlerer Einheits-Pkw) der 16. Kompanie ist beim Angriff auf Prigoshaju auf eine russische Mine gefahren (21.5.1942)«. Die Tiefe des Sprengtrichters ist beachtenswert!

Mittlerer gl. Personenkraftwagen mit »Einheitsfahrgestell für mittleren Pkw Typ 40« des Kommandeurs des Pi.Btl. 18, Oberstleutnant Schmeling (rechts vorne), bei Daschki im Juni 1941. Stehend der Bataillons-Adjutant, Leutnant Melzer. Der »Typ 40« unterschied sich vom Typ »mit Stützachse« insbesondere durch den verbreiterten Passagierraum und den Wegfall der beidseitigen Stützachsen. Es wurde nun nur noch ein Ersatzrad (an der linken Innenseite) mitgeführt. Auch wurde nun der Füllstutzen für den mittig gelegenen Kraftstoff-Hauptbehälter nach aussen verlegt, d.h. es mußte nicht mehr über einen Füllstutzen im Innenraum getankt werden. Die Füllstutzen für den Hauptbehälter (70 l) und den Hilfsbehälter (40 l) lagen nun in karosserietechnisch aufwendigen Nischen.

Der mittlere Einheits-Pkw »Typ 40« (WL-13 088) der Stabskompanie III. Gruppe/JG 52 bei der Verlegung von Nikolajew nach Kertsch im März 1943. Links Oberleutnant Schwinn (Chef der Stabskomp.), rechts Ltn. Lamprecht, Fahrer unbekannt. Das innenliegende Ersatzrad ist gut erkennbar.

Fahrzeuge der Pz.Gren.Div. »Großdeutschland« im Raum Tomarowka, Frühjahr 1943. Vorne ein »Funkkraftwagen (Kfz 15) mit Einheitsfahrgestell für mittleren Pkw (Typ 40)«. Taktisches Zeichen unter dem Divisionsabzeichen: Stab eines Art.Rgt. (mot.). Dahinter ein »Funkkraftwagen (Kfz 2) mit Einheitsfahrgestell I für leichten Pkw«, gefolgt von zwei Funkkraftwagen (Kfz 17/1) mit Stabantenne und zwei Funkkraftwagen (Kfz 17) mit Rahmenantenne. Das Kfz 17 mit Einheitsfahrgestell für m. Pkw hatte 4 Mann Besatzung und ein Gefechtsgewicht von über 3,6 Tonnen.

Fernmeldeübung einer unbekannten Einheit (der Fotograf war vorher beim Radfahr-Btl. 402) im besetzten Frankreich 1943/44. Das Kfz 15 hat wahrscheinlich dunkelgelben Grundanstrich mit olivgrünen/rotbraunen Tarnflecken. Das dahinterstehende Kfz 17 mit hochgeklappter Rahmenantenne scheint nur mit dem weithin sichtbaren dunkelgelben Anstrich versehen zu sein.

Die spätere Ausführung des Funkkraftwagens Kfz 15 hatte das Fahrgestell des mittleren Einheits-Pkw Typ 40 und ist an den fehlenden Ersatzrädern und den herausgezogenen Tankstutzen erkennbar.

Nachhutgefechte des IR. 61 am 5.9.1943 bei Nowgorod Ssewerskij. Dieser mittlere Einheits-Pkw (WH-62 488) führt den Stander des Divisions-Kommandeurs und zeigt auf dem Kotflügel das Zeichen der 7. ID. und den Stabswimpel.

Feindbeobachtung vor Woronesh im Juli 1942: Bis zu den Panzern vorgefahren ist dieser »mittlere Meßtruppkraftwagen (Kfz 16) mit Einheitsfahrgestell für mittleren Pkw (Typ 40)« der 1. Batterie des Artillerie Regiments »Großdeutschland«. Im Hintergrund die erste »langrohrige« Ausführung des Panzerkampfwagen IV, die Ausf. F 2, von der ab März 1942 200 Stück zur Truppe kamen.

Tunesien 1943: Ein mittlerer Einheits-Pkw Typ 40 des JG 77 als Buffet für ein hastiges Kriegs-Menue zwischen zwei Einsätzen.

Für höhere Truppenführer wurde zu Beginn des Krieges ein spezieller Kommandeurwagen geschaffen. Die Bezeichnung nach D 663/11 (Ausg. 22.9.42) lautete »Einheitsfahrgestell für mittleren Pkw mit Kabriolett-Aufbau (ohne Stützachse, mit Horch 3,8 Liter Motor)«. Es handelte sich um eine heereseigene Sonderausführung des Einheitsfahrgestelles für m. Pkw Typ 40, die nur als Träger für Kabriolett-Aufbauten Verwendung fand. Geändert waren hauptsächlich der Motor (nun 3,8 l, 90 PS), sowie das Wechsel- und das Zusatzgetriebe. – Im Bild der Kommandeur der 10. Panzerdivision Gen. Major Fischer mit seinem Kabriolett beim Schützenregiment 69 im Raum Sseliwan-Lenino 25 km nordwestlich von Moskau. Diese Frontlinie mußte am 8.12.41 bei minus 35° schlagartig mit hohen Verlusten geräumt werden – kein Wunder bei der völlig unzulänglichen Winterausrüstung der deutschen Truppe.

General Traut verabschiedet Kommandierenden General Henrici in seinem Kommandeurs-Kabriolett.

Der schwere Einheits-Pkw

Das vierradgetriebene »Einheitsfahrgestell II für schweren Pkw« wurde von der Auto Union AG, Werk Horch, Zwickau, und der Fordwerke AG, Köln-Niehl und Berlin gefertigt. Anhand der Fahrgestell-Nr. aus der D 664 ff soll etwas Übersicht in die bunte Vielfalt der verschiedenen Typen gebracht werden:

- FG. 100 001-100 350: »Typ a« 4-Rad-Lenkung (bis max. 25 km/h), umschaltbar auf 2-Rad-Lenkung, geteilte Horch-Quergelenkwellen, mech. Bremsen, Horch 3,5 l, V 8-Motor, 80 PS.
- FG. ab 100 351: »Typ 1a«, 4-Rad-Lenkung, umschaltbar auf 2-Rad-Lenkung, Rheinmetall-Quergelenkwellen, Öldruckbremsen, Horch 3,8 l, V 8-Motor, 81 PS.
- FG. 120 001-120 650: »Typ b« 2-Rad-Lenkung, sonst wie Typ a.
- FG. ab 120 651: »Typ 1b«, 2-Rad-Lenkung, sonst wie Typ 1a.
- FG. ab 140 001: »Typ 1c«, 2-Rad-Lenkung, nur für Aufbauten mit Seitenpanzerung (leichter Panzerspähwagen mit Heckmotor).

Bei den vorstehenden Fahrzeugen waren die Einfüllverschlüsse für Kraftstoffhaupt- und Hilfsbehälter innenliegend. Alle Fahrgestelle hatten Stützachsen (außer Typ 1c) und wurden von **Horch** gefertigt.

FG. ab 300 001 wurden von **Ford** gebaut, und zwar:
— »Typ EGa«, 4-Rad-Lenkung (bis max. 25 km/h), umschaltbar auf 2-Rad-Lenkung, Öldruckbremsen, Stützachsen, Ford V8, 3,6 l-Motor, 78 PS, Kraftstoffeinfüllöffnungen seitlich herausgezogen.
— »Typ EGb«, wie vorstehend, jedoch 2-Rad-Lenkung.
— »Typ EGd«, wie Typ EGa, jedoch ohne Stützachsen.
FG. ab 400 001: »Typ 40«, Fabr. **Horch**, mit Horch 3,8 l, V 8-Motor, 90 PS.
FG. ab 500 001: »Typ 40«, Fabr. **Ford**, mit Ford 3,6 l, V 8-Motor, 78 PS.

Sämtliche Muster hatten eine Zentralschmieranlage. Entsprechend der Verwendung kamen Lichtmaschinen mit 130, 300 oder 600 W zum Einbau. Beim »Typ 40« waren Allradlenkung und Stützachsen entfallen; die Kraftstoffeinfüllstutzen waren seitlich herausgezogen worden.
Im Einsatz hatten die Fahrzeuge häufig Rahmen- und Federbrüche. Zur D 664/7 erschien deshalb ein Nachtrag »Achsverstärkung und Einbau von Zusatzfedern« zur Vermeidung von weiteren Schäden. Bei der Truppe war der schwere Einheits-Pkw wegen seiner Geräumigkeit sehr beliebt. Er war für die gleichen Aufgaben wie der 3-achsige l. gl. Lkw (o) Krupp L 2 H143, vorgesehen. Wie alle Einheits-Pkw litt aber auch der schwere Einheits-Pkw an seiner aufwendigen Technik und an seinem hohen Gewicht. Das betriebsfertige Eigengewicht eines Kfz 70 mit schwerem Einheitsfahrgestell betrug 3.150 kg, mit Fahrgestell Steyr 1500 A aber nur 2.485 kg! Die leichten Lastkraftwagen Steyr 1500 A und der Mercedes L 1500 A lösten ab 1941 den schweren Einheits-Pkw ab.

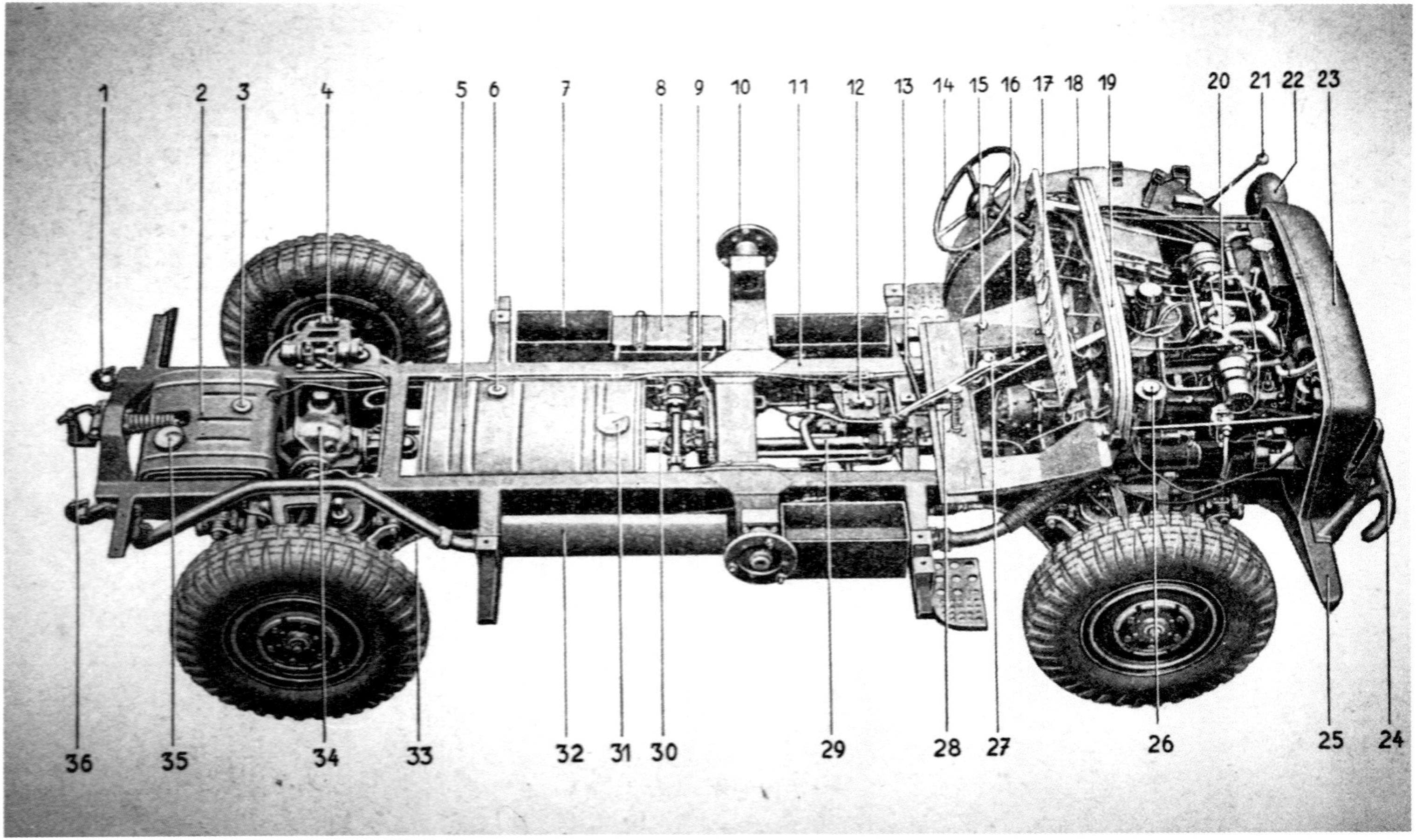

Fahrgestellübersicht für das Einheitsfahrgestell II für schweren Pkw Typ a/b, 1a/1b/1c nach D 664/303 vom 22.12.43 (Nachdruck Okt. 1944).
1. Hinterer Zughaken, 2. Kraftstoff-Hauptbehälter, 3. Geber für Kraftstoff-Vorratszeiger, 4. Hintere Pendelachse, 5. Kraftstoff-Hilfsbehälter, 6. Geber für Kraftstoff-Vorratsanzeiger, 7. Gleitschutzkettenkasten, 8. Sammler, 9. Lenkumschaltgetriebe, 10. Flansch für Ersatzradbefestigung, 11. Rahmen-Längsträger, 12. Doppelstufen-Hauptbremszylinder, 13. Handhebel für Lenkumschaltung, 14. Lenkrad, 15. Schalthebel für Wechselgetriebe, 16. Handbremshebel (Feststellbremse), 17. Schaltbrett, 18. Vorderer Kotflügel, 19. Stirnwand, 20. Motor, 21. Peilstange, 22. Scheinwerfer, 23. Kühlerverkleidung und -abdeckung, 24. Stoßfänger, 25. 1. Querträger, 26. Ölbehälter für Zentralschmierung, 27. Kraftstoff-Umschalthahn, 28. Pumpenstößel für Zentralschmierung, 29. Vordere Längsgelenkwelle, 30. Hintere Längsgelenkwelle, 31. Einfüllverschluß für Kraftstoff-Hilfsbehälter, 32. Auspufftopf, 33. Hinterer Handbremsseilzug, 34. Hinterradantrieb, 35. Einfüllverschluß für Kraftstoff-Hauptbehälter, 36. Protzhaken

Hand- und Fußhebelwerk, Schaltbrett des Einheitsfahrgestells II für schweren Pkw Typ EG a/b und /d mit 3,6 l-Ford-Motor nach D 664/1 vom 29.7.40.

1 Breitenweiser
2 Zündschlüssel
3 Anlaßschalter
4 Handhebel für Kühlerklappen
5 Radstellungsanzeiger
6 Hupenknopf
7 Kontrollampe für Sperre zum Ausgleichsgetriebe im Schaltgetriebe
8 Öldruckanzeiger
9 Kontrollampe für Fernlicht
10 Winkerschalter
11 Wasser- und Ölthermometer
12 Steckdose
13 Handgas-Zug
14 Kraftstoffanzeiger
15 Geschwindigkeitsmesser
16 Schalter für Schaltbrettleuchte
17 Zeituhr
18 Luftklappenzug
19 Tafel mit Schalthebelstellungen
20 Schmierplan
21 Kupplungsfußhebel
22 Bremsfußhebel
23 Fußabblendschalter
24 Gasfußhebel
25 Lenkumschaltung-Handhebel
26 Kraftstoffumschalthahn
27 Schalthebel zur Sperre des Ausgleichsgetriebes im Schaltgetriebe
28 Getriebe-Schalthebel
29 Handbremshebel
30 Betätigungshebel für die Zentralschmierung
31 Wagenheber
32 Kurbel für Wagenheber

Bereitstellung von schweren Einheits-Pkw in Preußisch-Eylau (Ostpreußen) kurz vor Beginn des Rußlandfeldzuges.

»Versprengte bei Tamsaln 7.8.1941«
Bei dieser Aufnahme des Radfahr-Btl. 402 erkennt man gut die Geräumigkeit des »Mannschaftskraftwagen (Kfz 70) mit Einheitsfahrgestell II für schweren Pkw«, der für 8 Mann Besatzung (einschl. Fahrer) vorgesehen war.

Zumindest das Radfahr-Btl. 402 war offiziell mit Zugvorrichtungen für je 10 Radfahrer (eine Gruppe) ausgestattet. Im Bild ein schwerer Einheits-Pkw dieses Bataillons bei einer derartigen Zug-Aktion in Frankreich, die natürlich entsprechende Straßen voraussetzte.

Antwerpen, Herbst 1940. Verladeübung der 1. Gebirgsdivision für die geplante Landung in England. Links: Einheits-Diesel, Opel-Blitz; rechts: drei schwere Einheits-Pkw und eine BMW-Limousine.

Kartenstudium beim Stab der Geb.Pz.Jg.Abt. 44 zu Beginn des Rußlandkrieges. Die schweren Einheits-Pkw dieser Einheit hatten den Tarnscheinwerfer durchwegs mittig auf der Kühlerverkleidung montiert.

Ein schwerer Einheits-Pkw der II. Gruppe des Schlachtgeschwaders 1 (WL-85 673). Beachte die durchbrochene Felgenform.

Eine interessante Sonderkonstruktion war die in geringen Stückzahlen gebaute »2 cm Flak (Sf) auf schwerem Einheits-Pkw«. Hier eine derartige Selbstfahrlafette der 7. Batterie des Regiments »General Göring«. Diese Einheit war Bestandteil des »Führerbegleitkommandos« und hatte den Schutz des jeweiligen Führerhauptquartiers gegen Tieffliegerangriffe zu übernehmen.

Diese Selbstfahrlafette mit Schutzschild für die 2 cm Flak und angehängtem Sd Ah 51 lief bei der 7. bzw. 8./RGG. — Neben der gezeigten Ausführung mit klappbarer Waffenbühne, gab es auch schwere Einheits-Pkw mit direkt auf dem Standardaufbau montierter Flak. — Ausgehend von der Anlage 1 zur D 664/1 und /7 vom 4.2.43 für »normale« s.E. Pkw ». . . in sämtliche Kfz sind Achsverstärkungen und Zusatzfedern einzubauen . . .« dürfte das Fahrgestell und der Rahmen dieser Fahrzeuge reichlich überlastet gewesen sein!

Der »Fernsprechkraftwagen (Kfz 23) mit Einheitsfahrgestell II für schweren Pkw« war für 7 Mann Besatzung vorgesehen und hatte 6 Seitentüren. Beim gezeigten Fahrzeug (nach D 600) fallen die waagerechten Motor-Lüftungsschlitze und die geringe Anzahl von Schlitzen auf der Oberseite der Motorhaube auf. Beachte die abgenommenen Spiegel am Heck und den Erdungsanker vor dem hinteren Kotflügel.

Der Fernsprechkraftwagen (Kfz 23) einer unbekannten Einheit in Südrußland. Leider ist das Heck vom Fotografen etwas abgeschnitten worden. Die Länge (4850 mm) und der Achsabstand (3000 mm) des Fahrzeugs werden in den vorliegenden technischen Unterlagen als identisch mit der 4-türigen Grundausführung angegeben, obwohl hier gewisse Zweifel bestehen.

Ab 1940 erschien das »Einheitsfahrgestell II für schweren Pkw, Typ 40« mit verbreitertem Aufbau, innenliegenden Ersatzrädern und herausgezogenen Kraftstoff-Einfüllstutzen. Das Muster wurde sowohl von Horch als auch von Ford gebaut, wobei der 3,8 l / 90 PS-Horchmotor einen Normverbrauch von 30,5 l, der 3,6 l / 78 PS-Fordmotor aber von 35,0 l hatte.
Im Bild ein Fahrzeug der 3. SS-Panzer-Division »Totenkopf« im Winter 1941/42 »südlich des Ilmensees«.

Versackter schwerer Einheits-Pkw Typ 40 einer unbekannten Fernsprecheinheit.

Der »leichte Schneepflug Typ E« am schweren Einheits-Pkw (WH-97 574) »E« steht für »einseitig«. Der Anstellwinkel der Räumschaufel konnte über ein Steuergestänge verstellt werden. Auffällig ist das Fehlen jeglichen Wetterschutzes.

Auch vom schweren Einheits-Pkw gab es — in kleinen Stückzahlen — eine Ausführung als Kommandeur-Wagen. Dieses »Einheitsfahrgestell II für schweren Pkw Typ 40 mit Kabriolett-Aufbau« war offensichtlich eine Horch-Konstruktion mit der in der D 664/7 vom 15.9.1941 — ohne weitere Hinweise — genannten Abänderungen der Übersetzung der Radantriebe auf 4,375 (statt 5,14). Dadurch wurde eine Höchstgeschwindigkeit von 90 km/h (statt 76 km/h) möglich, jedoch sank das Steigvermögen im Geländegang auf 46,2 % (statt 54,6 %). Der 3,8 l/90 PS-Horchmotor war übrigens derselbe wie im mittleren Einheits-Pkw mit Kabriolett-Aufbau. Im Bild der Kommandeur der Panzerdivision »Hermann Göring«, der Eichenlaub-Träger Paul Conrath, im Sommer 1943 auf dem Truppenübungsplatz Grafenwöhr bei der Inspektion des neu aufgestellten Panzerartillerieregiments HG.

Deutsche Kübelwagen

*Der **Adler**-Kübelsitzwagen auf Basis »Favorit« war neben dem »Daimler-Benz Stuttgart 200« der erste Gelände-Pkw, der 1927/28 für die Reichswehr gefertigt wurde. Hier eines der ersten Baumuster, bei dem die Ersatzräder noch am Fahrzeug-Heck mitgeführt wurden. Die typischen »Kübelsitze« sind bei dieser Aufnahme gut erkennbar.*

*Ein Kübelwagen **Adler** Typ 12 N mit Karosserie der Fa. Kathe (Halle/Saale) aus dem Jahre 1934. Das Fahrgestell basierte auf dem Adler Standard 6 und hatte einen 6 Zyl., 2,9 l, 50 PS-Motor.*

*Ein **Adler** Typ 12 N des Geb.Art. Rgt. 79 bei der Fahrt über den Oisne-Aisne-Kanal, gemeinsam mit den Tragtieren der 1. Gebirgsdivision. Dieser Adler-Typ war insbesondere dem Wanderer W 11 und anderen Kübelwagentypen der dreißiger Jahre sehr ähnlich.*

*Auch auf dem handelsüblichen Fahrgestell des **Adler** Trumpf (Vorderradantrieb, Baujahr ab 1932) gab es einen Kübelsitzaufbau mit Gerätkasten. Im Bild eines dieser recht seltenen Fahrzeuge bei einer Fahrschule des Heeres.*

*Der **Adler** Typ 3 Gd wurde von 1936-1940 in ca. 4300 Einheiten gebaut. Er hatte Hinterradantrieb und denselben Motor wie der Typ 12N-3G (6 Zyl., 2,9 l, 60 PS). Das gezeigte Fahrzeug wurde am 14.3.39 in Peenemünde von einer Junkers W 34 überfahren.*

*Der **Adler** Typ 3 Gd eines (leider unbekannten) Kommandierenden Generals. Auffallend sind die waagerechten Kühlschlitze dieses Fahrzeugs.*

*Ein **Adler** Typ 3 Gd des MG-Btl. 6 in Frankreich 1940. Aufschrift: 2. (MG Schtz) Kp MG Btl. 6.*

*Vom Fahrgestell des **Adler** Typ 3 Gd gab es auch eine kleine Anzahl mit Krankenkraftwagen-Aufbau. Die Fahrzeuge hatten den Motor des legendären »Autobahn-Adler« mit 6 Zyl., 2,5 l und 58 PS; die Typenbezeichnung war W 61 K. Hier ein derartiges Kfz 31 in Gluschiza, Frühjahr 1942, am Eingang zur berüchtigten Erika-Schneise am Wolchow. Die Rückseite des Schildes lautete »Gehst Du von hinnen, denk an Götz von Berlichingen!«*

Zwischen 1932 und 1934 baute Daimler-Benz 147 Maschinengewehr-Kraftwagen (Kfz 13) auf dem Fahrgestell des **Adler** *Standard 6. Die Fahrzeuge hatten vor dem Kühler und am Kampfraum eine 8 mm starke Panzerung. Die Motorhaube war seitlich jedoch ungepanzert, was diesem Fahrzeug der 1. Kavallerie-Division im Juni 1940 vor La Rochelle anscheinend zum Verhängnis geworden ist.*

Im Juni 1932 entstand durch die Fusion der Firmen Audi, DKW, Horch und Wanderer die **Auto Union AG**. *Kübelwagen für die Wehrmacht würden sowohl von Horch als auch von Wanderer gebaut. Sehr verbreitet war der von 1934-37 in über 4000 Einheiten produzierte* **Horch** *830 R »mit Fahrgestell des mittleren Pkw (o)«. Als Motor kam ein leistungsstarker Horch V8 mit 3,0 l, 62 PS (später 3,2 l, 70 PS) zum Einbau.*
Hier ein Zugführerwagen der 3./Pi.Btl.18 mit der Aufschrift auf dem linken Kotflügel: Leutnant Oberembt gefallen 14.9.39 bei Misikoff.

*Ein **Horch** 830 R der SS beim Einmarsch in Österreich am 12. März 1939. Originaltext: »Jubelnd begrüßt Salzburg die deutschen Brüder«.*

*»Mittlerer gl. Pkw mit Zugvorrichtung (Kfz 12) mit Fahrgestell des mittleren Pkw (o)« der 14. Komp./I.R. 61 (WH-72 301) mit 3,7 cm Pak bei einem Übungsmarsch. Dieser **Horch** 830 R zeigt ein verkürztes Fahrzeugheck zur Aufnahme von zwei Behältern für Munition und Gerät.*

*Ein **Horch** 830 R des 2. Zuges des Pi.Btl. 14 kurz vor Kriegsbeginn. Links der Zugführer, der spätere Oberstleutnant, Friedrich Masch. Rechts ein Kradmelder mit einer 750 ccm BMW R 12.*

*Aus einem Album der »Spielhahnjäger« stammt dieses Bild eines verunglückten **Horch** 830 R. Oft war an derartigen Unfällen die mangelhafte Ausbildung des Kraftfahrers schuld. Nach HDv 130/1 E (16.3.1942) betrug die Fahrschuldauer nur 2 Wochen für Rad-Kfz, wobei »aus Gründen der Betriebsstoffersparnis eine Höchstkilometerzahl von 150 km nicht überschritten werden darf«!*

*General Konrad (49.Geb.AK) in einem **Horch** 830 R mit interessantem Tarnanstrich. Leider ist nur das Aufnahmedatum (4.9.43), nicht aber der Aufnahmeort genannt.*

*Der **Wanderer** W 11 (2,5 Liter) der **Auto Union AG** wurde mit 6 Zyl., 2,5 l, 50 PS-Motor von 1933-1936 in über 2800 Einheiten geliefert. Er wurde hauptsächlich als Zugmittel für die leichte Pak eingesetzt. Im Bild ein Fahrzeug der Pz.Jäg.Abt. 31 im zerstörten Kukow in Polen 1939.*

Ab 1937 kam der **Wanderer** *W 11 (3,0 l), der bis 1941 in über 2700 Einheiten gebaut wurde. Er unterschied sich von seinem Vorgänger durch den größeren 3,0 l, 60 PS-Motor und ist erkennbar an den runden Vorderkotflügeln und den Seitentüren.*

Ein **Wanderer** *W 11 (3,0 l) des Pi-Zuges des Radfahrbataillons 402 in Estland im August 1941.*

Während die 3,7 cm Pak im Mannzug auf einem wackeligen Floßsacksteg über die Ganja (Estland) gebracht wird, stellt der ***Wanderer*** *W 11 (3,0 l) seine beachtliche Watfähigkeit von 55 cm unter Beweis.*

Der ***Wanderer*** *W 23 S war vom handelsüblichen W 23 abgeleitet und hatte den gleichen Motor wie dieser (6 Zyl., 2,7 l, 62 PS), jedoch eine hintere Starrachse anstelle der »Schwebeachse«.*

*Ein **Wanderer** W 23 S neben einem Panzerkampfwagen IV mit »Stummelkanone«, gefolgt von zwei Opel Blitz 3 t Ausf. S der Panzergruppe 2.*

*Technischer Halt von »mittleren Meßtruppkraftwagen (Kfz 16)« bzw. »mittleren Vorwarnerkraftwagen (Kfz 16/1) mit Fahrgestell des mittleren Pkw (o)« **Wanderer** W 23 S der Beobachtungsbatterie (Pz.) 102/9. P.D. bei Belaja Zerkow im Juli 1941. Ganz links erkennt man den Truppenluftschutzkraftwagen (Kfz 4), von dem je ein Fahrzeug bei der Schallmeß-, der Lichtmeß- und der Stabsbatterie vorgesehen war.*

Im russischen Schlamm war der Geländetüchtigkeit des ***Wanderer*** *W 23 S recht schnell ein Ende gesetzt, so wie bei diesem Fahrzeug des Reichsarbeitsdienstes.*

Eine ganze Reihe von eingezogenen Kabrioletts wurde behelfsmäßig zu Kübelwagen umgebaut: im Bild ein ***Wanderer*** *W 23 der 31. I.D. Laut Text ein Bataillonsstab mit Zugführerwagen bei Brobuisk. Rechts ein Borgward 3-Tonner.*

Kübelwagen der Firma ***BMW*** *traten bei der Wehrmacht nur sehr wenig in Erscheinung. Hier ein BMW 309 als Vermessungsfahrzeug des Pi.Btl. 14 in Polen. Die Leistung des 1934/35 gebauten 2-Sitzers mit dem 4 Zyl., 0,9 l, 23 PS-Motor war für den Feldeinsatz nicht ausreichend.*

Der schönste aller Kübelsitzwagen war wohl der Mercedes-Benz Typ Stuttgart 260 der ***Daimler-Benz AG****. Er wurde von 1929-1935 in ca. 1500 Einheiten gebaut und hatte einen 6 Zyl., 2,6 l, 50 PS-Motor. Das Bild zeigt den Aufmarsch der Fla-Lehrkompanie mit Hauptmann von der Mosel bei einer Parade in Berlin im Jahr 1936.*

Im berüchtigten Kampfgelände des 1. Weltkrieges »Am Toten Mann« und »Höhe 304« hatte am 13.6.40 eine Vorausabteilung der 3./Pz.Jäg.Abt. 36 den Auftrag, die Brücke über den Forgesbach bei Bethincourt in Besitz zu nehmen. Die französischen Pioniere sprengten aber die Brücke derart überhastet, daß sie samt Lkw auf deutscher Seite zurückblieben und gefangen wurden. Kurze Zeit später setzte direkt gezieltes französisches Artilleriefeuer ein. Als erstes erhielt der Lkw einen Volltreffer, der die meisten Gefangenen tötete. Alle drei Protzkraftwagen und der Zugführerwagen brannten aus, 5 Mann und der Zugführer fielen.
Am 14.9.1940 besuchten Uffz. Hansludwig Huber (links) mit J. Merkel die Kampfstätte. Im Bild der **Mercedes-Benz** *Typ Stuttgart 260 des gefallenen Zugführers Leutnant d.Res. Weber.*

Der **Mercedes-Benz** *Typ 170 VK (V = Motor vorneliegend, K = Kübelsitzaufbau) war mit ca. 19000 gebauten Einheiten nach dem VW-Kübel der meistgebaute Kübelwagen der Wehrmacht und vor allem wegen seiner Zuverlässigkeit sehr beliebt. Der Wagen (4 x 2) hatte einen 4 Zyl., 1,7 l, 38 PS-Motor und kam überwiegend in der 3-türigen Version als Kfz 2 und Kfz 2/40 zur Truppe.*
Dieser »Nachrichtenkraftwagen (Kfz 2) mit Fahrgestell des mittleren Pkw (o)« der 101. Jäger-Division ist im Herbst 1941 bis über die Achsen in einem Schlammloch bei Charkow versunken und muß herausgeschleppt werden. Hier wäre aber auch ein vierradgetriebener Einheits-Pkw hängengeblieben!

Vorstoß der 10. Panzerdivision auf Wjasma im Herbst 1941. Schirrmeister Gerhard Kesenhagen mit seinem kleinen Instandsetzungskraftwagen (Kfz 2/40) inmitten von mittleren leichten Zugkraftwagen des II. Btl. des Pz.Gren.Rgt. 69. »Unser ***Mercedes-Benz*** *Typ 170 VK hat uns nie im Stich gelassen — doch vor Moskau mußte er bei einem Nachhutgefecht mit festgefrorenen Bremsen zurückgelassen werden.«*

Dieser ***Mercedes-Benz*** *Typ 170 VK gehörte zur I./JG 52 und ist hier bei einer Tankpause in Appeldorn auf der Fahrt von Soesterberg nach Utrecht am 18.6.41 aufgenommen. Ein 3-türiges Fahrzeug, bei dem man hier sowohl die Bemalung an der Front als auch an der Heckklappe zu sehen bekommt. Der Tank dieses Typs lag, wie vielfach üblich, im Motorraum, so daß auf eine Benzinpumpe verzichtet werden konnte. Diese Aufnahme scheint die Meinung von Experten zu bestätigen, daß Fahrzeuge der Luftwaffe vor dem Krieg teilweise in RAL 7019-glanz gespritzt wurden.*

Mercedes-Benz Typ 170 VK als Funkkraftwagen (Kfz 2) in Rumänien. Zur Verminderung der Funk-Reichweite in Feindnähe ist die Bordantenne mit einem Antennenkreuz versehen.

Dieser dreitürige **Mercedes-Benz** *Typ 170 VK des Geb.Jäg.Rgt. 85 wurde per Feldbahn zur »Einschließungsfront Leningrad« gefahren (Herbst 1942).*

Funkübung einer unbekannten Einheit in Frankreich 1943/44. Im Bild ein ***Mercedes-Benz*** *Typ 170 VK als Funkkraftwagen mit Stabantenne E (oder V) zum verhältnismäßig seltenen Funk-Horch-Empfänger E (oder V), der bei Funk-Nahaufklärungs-Trupps eingesetzt war.*

*Ein Kfz 2 **Mercedes-Benz** Typ 170 VK (wahrscheinlich vom Radfahrbataillon 402) am Wolchow im Winter 1941/42. Rechts ein erbeuteter russischer BA-10 mit der Aufschrift »Gneisenau« an der Türe; mit Balkenkreuz und Fliegersichtzeichen sowie Hakenkreuz auf der Scheinwerferabdeckung.*

*Bei diesem **Mercedes-Benz** Typ 170 VK des »Marinebefehlshaber Kanalküste (MBK)« in Le Havre fällt das senkrechte Heck auf, das anscheinend bei der seltenen 4-türigen Ausführung üblich war. Ein Nachtmarschgerät hielt man bei der Marine offensichtlich für überflüssig (WM-70 558).*

Shitomir 1942: ein ***Mercedes-Benz*** *Typ 170 VK mit abweichendem Karosserieaufbau (Trittbrett!). Im Hintergrund ein leichter Feldwagen (Hf1), der, trotz aller Motorisierung, ein unentbehrliches Transportfahrzeug der Wehrmacht blieb.*

Neben dem schweren Einheits-Pkw war das abgebildete Fahrzeug der einzige Kübelsitzwagen der ***Ford-Werke****: ein Versuchsmuster mit dem Fahrgestell des amerikanischen Ford V-8 1-Tonners Baujahr 1939 mit Vierrad-Antrieb und V8-Motor. Den Aufbau fertigte die Fa. Papler, Köln. Angeblich war eine Serie von 1500 Einheiten geplant, die jedoch nicht zur Ausführung kam.*

Legion Condor, Spanien 1937: Fernsprech-Bautrupp der 3. Komp./Luftnachrichtenabteilung (mot.) 88 bei Bilbao. Truppführerwagen mit angehängtem Feld-Fernkabel-Verlegewagen, ein zweisitziger »Nachrichtenkraftwagen (Kfz 2) mit Fahrgestell des leichten Pkw (o)« vom Typ **Hanomag** *4/20. Im Hintergrund ein Krupp L 3 H 163. Das Zulassungszeichen LC für Legion Condor wird bisher in keiner offiziellen Unterlage bestätigt. Die Bezeichnung »LC-28 673« ist allem Anschein nach von Hand aufgemalt.*

Der **Hanomag** *4/20 (bzw. 4/23 mit stolzen 23 PS) wurde schon 1930 gebaut und war leistungsmäßig im Gelände völlig überfordert. Andererseits konnte man aber auch, wie hier in Polen, das leichte Wägelchen jederzeit nach Belieben herumtragen und an den Einsatzort bringen. Ein Vorteil, den die Truppe wahrscheinlich mit recht unflätigen Ausdrücken zur Kenntnis nahm!*

*Die Kübelwagen-Ausführung des **Phänomen** Typ Granit 25 H wurde nur in wenigen Exemplaren gebaut, da das äusserst tragfähige Fahrgestell fast ausschließlich mit Aufbau als Krankenkraftwagen (Kfz 31) bestellt wurde. Der Motor war luftgekühlt und leistete bei 4 Zyl. und 2,5 l Hubraum ca. 37 PS.*

*Bereitstellung der II./Geb.Art.Rgt. 79 (1. Geb.Div.) zum Übergang über die Maas im Mai 1940. Im Vordergrund ein **Phänomen** Typ Granit 25 H in Kübelwagen-Ausführung mit einer (leider typischen) Vielfalt von Reifengrößen und Profilen. Rechts eine 7,5 cm Gebirgskanone 15, links ein »Munitionsschlepper auf Panzerkampfwagen I (Sd Kfz 111)«, von dem es nur 51 Stück gab.*

Die 2. Gebirgs-Division war aus der 6. Division des österreichischen Bundesheeres (Innsbruck) hervorgegangen und hatte dabei eine Anzahl Kübelwagen ***Steyr*** *Typ 250 übernommen: ein zuverlässiger 5-Sitzer mit wassergekühltem 4-Zyl.-Boxermotor (1,2 l, 25 PS), von dem 1.200 Stück gebaut wurden. Bildtext: »Mit unserem Führerwagen beim Frühstück im Oesterdal (Norwegen) am 30.9.42«.*

Während vom »Lastkraftwagen 1,5 t ***Steyr*** *Baumuster 1500 A« mit dem 8-sitzigen Mannschaftswagen-Aufbau etwa 19.000 Stück gefertigt wurden, kam das gleiche Fahrgestell mit Kabriolett-Aufbau (der sog. Kommandeurwagen) nur in begrenztem Maße zur Truppe. Das allradgetriebene Fahrzeug hatte einen luftgekühlten V8-Motor (3,5 l, 85 PS), der wegen seiner Zuverlässigkeit sehr gelobt wurde.*
Im Bild Steyr-Kommandeurwagen der Waffen-SS. Beim Kennzeichen »SS-02047« könnte es sich um ein Probefahrt- oder Überführungskennzeichen handeln.

Vom ***Stoewer*** *Typ M 12 (4 x 2) wurden nur etwa 600 Stück von 1935-36 gebaut. Er hatte einen 8 Zyl., 3,0 l, 60 PS-Motor. Im Bild ein Funkkraftwagen (Kfz 15) mit Tornisterfunkgerät b 1 bzw. f.*

Ein ***Stoewer*** *M 12 als Nachrichtenkraftwagen (Kfz 15) der 1. Komp./Geb.Nachr.Abt. 54 in Frankreich 1940.*

*Aus Mangel an Fahrzeugen erhielt sogar der **Opel** P 4 (mit verstärktem Fahrgestell) einen Kübelsitzaufbau. Das Fahrzeug hatte einen 4 Zyl., 1,3 l, 26 PS-Reihenmotor und war bei Fronteinheiten sicher eine Rarität.*

*Der »leichte Personenkraftwagen 1,3 **TATRA** Baureihe 57 K (D 662/15 vom 29.10.42)« wurde angeblich in 6.000 Einheiten von 1941-43 gebaut, doch seltsamerweise sind Fotos dieses Fahrzeugs äusserst selten. Der Wagen hatte einen luftgekühlten Boxermotor, 4 Zyl., 1,3 l, 23 PS. Im Bild ein Kübelwagen des SS-Pz.Pionier-Btl. 2 »Das Reich« bei der Besetzung von Südfrankreich im November 1942 (Unternehmen »Atilla«). Am Stander das taktische Zeichen für den Führer einer Pionier-Kompanie (2. Komp.).*

*Der **Volkswagen**-Kübelwagen (4 x 2) war der verbreitetste und sicher einer der beliebtesten Kübelwagen der Wehrmacht. Er war leicht, gut zu warten und hatte einen zuverlässigen 4-Zyl.-Boxermotor mit anfangs (bis 1943) 1,0 l, 23,5 PS später 1,1 l, 25 PS. Nach Unterlagen des Volkswagenwerks wurden bis 10.4.1945 folgende Fahrzeuge vom Typ 82 gefertigt:*
37.320 Stück »leichter Pkw«
3.326 Stück Funkkraftwagen
7.545 Stück Nachrichtenkraftwagen
2.324 Stück Instandsetzungskraftwagen
273 Stück Meßtruppkraftwagen

Auf die zahlreichen Detailänderungen der Serienfertigung, über die engagierte Sammler und Liebhaber seit vielen Jahren heftig diskutieren, kann hier leider nicht eingegangen werden!
Im Bild ein »leichter Pkw K 1, Typ 82« der Luftwaffe, zur Inspektion auf zwei Einheitskanister aufgebockt. Im Hintergrund ein VW-Schwimmwagen. Der Stabsgefreite trägt das Kraftfahrbewährungsabzeichen (Silber?) am linken Unterarm. Die Aufnahme entstand im Herbst 1944 in Ungarn.

*Oberleutnant Paul Felder mit einem **VW**-Kübelwagen vor einer nachtschwarzen Do 217 M (DB 603-Reihenmotoren). Im Hintergrund ein »Nachtstörer« vom Typ Arado 66. Felder war ab Sept. 1943 Staffelkapitän der 4. Staffel/ Nachtaufklärungsgruppe (F) 1 und erhielt am 29.2.1944 das Ritterkreuz. Die Staffel war Anfang 1944 am Mittel- und Nordabschnitt der Ostfront (z.B. Nachtaufklärung Leningrad), eingesetzt.*

Dieser **VW**-*Kübel Typ 82 ist nicht etwa in Nordafrika unterwegs, sondern laut Text, »auf der Straße nach Stalingrad«. Alle Insassen tragen Schutzbrillen — bloß der Fahrer nicht. Es handelt sich um ein Fahrzeug der Feldgendarmerieabteilung 521 (mot.), die dem Kessel von Stalingrad größtenteils entkam.*

Rückzug der 1. San. Komp. des Panzerkorps »Großdeutschland« zum Dnjestr im Frühjahr 1944. Ein **VW**-*Kübelwagen Typ 82 im Schlamm inmitten einer sehenswerten Vielfalt von Fahrzeugtypen.*

Ein VW-Kübelwagen Typ 82 des JG 3.

Auffangstellung bei Kertsch im Frühjahr 1944. Im Hintergrund ein 7,5 cm Sturmgeschütz 40 Ausf. G, vorne ein VW-Kübelwagen Typ 82 der Flakabteilung 257, die auf der Krim schwere Verluste erlitt.

VW-Kübelwagen Typ 82 des JG 53. Im Hintergrund ein erbeuteter Lkw Fiat Typ 626 vor einer ebenfalls erbeuteten Savoia-Marchetti SM. 82 (T.G.4 ?). Bei diesem VW einer späten Serie fallen der »Rammschutz« am Heck und die abgedeckten Luftschlitze (Zuluft über Innenraum) auf.

Oberzahlmeister Pfaff der I.Abt./Pz.Rgt. 11 in Ungarn 1944. Ein VW-Kübelwagen Typ 82 mit »Rammschutz« am Heck.

Der VW-Kübelwagen war für sehr vielseitige Aufgaben vorgesehen. Hier ein »Anwerfgetriebe Typ 198 für Kfz-Motoren am le.Pkw K 1, Typ 82« mit dem nicht nur, wie hier, der Motor eines Opel-Blitz, sondern auch »Panther«-Motoren angeworfen werden konnten. Das Anwerfgetriebe nebst Wellen und Gelenkstücken lagerte am Wagenboden des VW. Zur Anbringung der Halterung war u.a. der Einbau eines zusätzlichen Querträgers am Heck erforderlich.
Ersatzteile waren laut D 635/19 vom 8.12.44 bei der »Volkswagen GmbH, Stadt des KdF.-Wagens, Abteilung Kundendienst und Ersatzteile« anzufordern.

Bei fehlender oder beschädigter Vorderachse konnte man den VW-Kübelwagen im Winter nach Landesart elegant per Schlitten zum nächsten Verladebahnhof bringen. Ein Fahrzeug der 3. SS-Panzer-Division »Totenkopf« im Raum Staraja Russa.

*Der **VW-Schwimmwagen** (4 x 4) »leichter Personenkraftwagen K 2s Typ 166« (nach D 662/13 (5.12.42)) wurde von 1942 bis 44 in 14.500 Einheiten gebaut. Er sollte bei den SS-Divisionen das Beiwagenkrad ablösen und erhielt deshalb anfänglich die Bezeichnung »Kradschützenwagen«. Nach und nach wurden auch bevorzugte Einheiten von Heer und Luftwaffe (Pioniere, Fallschirmjäger u.dergl.) mit dem Schwimmwagen ausgerüstet. Das Fahrzeug war bei der Truppe äußerst beliebt, insbesondere wegen seiner durch den Allradantrieb gegebenen Geländegängigkeit und die vielfältigen Verwendungsmöglichkeiten. Seine Schwimmfähigkeit kam im Einsatz nur selten zum Tragen; auch waren beim Ein- und Ausfahren bei starker Strömung, bei Wellengang u.dergl. stets recht enge Grenzen des Machbaren gesetzt. Im Bild ein »Typ 166« des Pz.Pi.Btl. 37 bei einer Übungsfahrt auf einem »Ententeich« in der Bretagne im Frühjahr 1943.*

*Montenegro 1943. Bei diesem **VW-Schwimmwagen** Typ 166 einer unbekannten Gebirgsjäger-Einheit (wahrscheinlich zur 1. Geb.Div. gehörend) erkennt man gut den dreiflügeligen Schraubenantrieb, der mittels einer Hubstange (über dem Auspuff sichtbar) herunterzuklappen war. In abgeklapptem Zustand griff die aus dem Heck ragende Klaue der Antriebswelle direkt in die Klaue der Zwischenwelle des Schraubenantriebs ein. Die Geschwindigkeit konnte per Gashebel geregelt werden, die Höchstgeschwindigkeit im Wasser betrug ca. 10 km/Std., wobei nur Vorwärtsfahren möglich war.*

Ein VW-Schwimmwagen Typ 166 der Pz.Nachr.Abt. 27 im Frühjahr 1944 in Rumänien. Beachte die vergitterte Luft-Ansaugöffnung in der Rückwand und neben dem Ersatzrad die beiden Einfüllstutzen für die geteilten Treibstoffvorratsbehälter (2 x 50 l). Der mittlere Verschluß gehörte zum Ölbehälter der Zentralschmierung. Seltsamerweise verfügte der Typ 166 über kein serienmäßiges Nachtmarschgerät.

Die Waffen-SS zeigte von Anfang an größtes Interesse am VW-Schwimmwagen und ließ eine Anzahl interessanter Versuchsmuster bauen. Im Bild die Vorstellung eines schwimmfähigen MG-Wagens, eine bisher unbekannte Mischung aus dem Typ 128 (Schwimmwagen »lang«, nur ca. 30 Stück gefertigt) mit Bauelementen des Typs 166. Vor dem Beifahrersitz ist die Frontwanne ausgeschnitten und trägt ein MG 34 auf einer festmontierten Drehstütze; die Frontscheibe ist entsprechend verkleinert. Trotz des kampfstarken Aussehens hatte die Besatzung keinerlei Schutz gegen Feindbeschuß, nicht einmal gegen Infanteriewaffen — dies war sicher auch ein Grund, warum dieses Fahrzeug nicht zur Truppe kam.

Dreiachsige Personenkraftwagen

In den zwanziger Jahren herrschte bei in- und ausländischen Wehrtechnikern die Meinung, daß Geländegängigkeit vor allem mit einer dreiachsigen Fahrwerkskonstruktion zu erreichen sei. Trotz hohem technischen Aufwand zeigten die Dreiachser aber bei weitem nicht die erwartete Leistung im Gelände und wurden von den meisten Firmen bald wieder aufgegeben. Auch der großräumige **Mercedes-Benz** *Typ G 4 (6 x 4) wäre nicht weitergebaut worden, wenn nicht die höheren Parteigrößen, insbesondere Adolf Hitler selbst, Interesse an diesem exklusiven und aufsehenerregenden Fahrzeug gefunden hätten. Von 1933-1939 wurden 72 Einheiten mit verschiedenen Motoren (8 Zyl., 5,0 l/100 PS — 5,3 l/115 PS — 5,4 l/110 PS) und Aufbauten (teils mit Panzerung) gebaut. Das zulässige Gesamtgewicht lag bei 4,5 Tonnen, der Benzinverbrauch bei 28-38 l/100 km.*
Im Bild ein G 4 (wahrscheinlich im Führerhauptquartier Wolfsschanze) mit der Standarte des »Führers und Obersten Befehlshabers der Wehrmacht«.

Ein **Mercedes-Benz** *Typ G 4 mit Begleitmannschaften, aufgenommen bei einem Besuch Hitlers beim I.R. 30 in Polen 1939.*

*Auch **Krupp** baute auf dem Fahrgestell des leichten Lkw L 2 H 143 (Krupp-Protze) einen 3-achsigen Kommandeurwagen. Hier das Fahrzeug auf der Wiener Frühjahrsmesse 1940.*

*Dieses Dia zeigt einen **Krupp**-Kommandeurwagen in Südrußland; laut Text mit General Paulus im Fond. Das Fahrzeug hatte eine abfallende Motorhaube, ähnlich wie bei der »Protze«, und das Einhorn-Zeichen der 6. Armee am Heck.*

*Auch die Firma **Praga** stellte von 1936-1939 einen dreiachsigen Geländewagen her, den Typ AV. Das Fahrzeug hatte einen 6 Zyl., 3,5 l, 80 PS-Motor. Im Bild ein Wagen des NSKK in Polen 1939.*

***Praga** Typ AV des Pi.Btl. 10 bei Warschau 1939. Rechts ein Chevrolet Modell 1938 mit der Aufschrift WH-131313.*

***Skoda** Superb 903, ein Kommandeurwagen mit einem 6 Zyl., 3,0 l, 73 PS-Motor, der in kleiner Stückzahl bei der Wehrmacht lief.*

*Auch vom **Steyr** Typ 640 gab es einen »Kommandantenwagen«. Im Bild allerdings ein Fahrzeug mit Aufbau des Mannschaftskraftwagen beim Pi.Btl.11 in Rumänien.*

Eingezogene deutsche Zivil-Pkw

Die Typenvielfalt bei der Wehrmacht war der Alptraum aller Schirrmeister. Insbesondere in den rückwärtigen Gebieten liefen Personenkraftwagen jeder nur denkbaren Firma und Machart. Die Beschaffung von Ersatzteilen stellte schier unlösbare Probleme und führte oft wegen eines fehlenden Pfennigartikels (wie etwa dem Verteilerfinger) zum Totalverlust des Wagens. Zum 1.12.1938 waren in Deutschland Personenkraftwagen folgender Hauptmarken zugelassen:
Adler: 90.087, **Auto-Union:** 305.514 (davon **Audi:** 1.306, **DKW:** 233.704, **Horch:** 13.057, **Wanderer:** 57.447), **BMW:** 43.085, **Borgward:** 33.946, **Daimler-Benz:** 122.727, **Hanomag:** 44.391, **Opel:** 480.464, **Steyr:** 24.807, **Stoewer:** 6.528, **Fiat:** 43.084, **Ford:** 101.837, **Sonstige:** 9.139.

Eine typische Auto-Reklame aus der Vorkriegszeit.

Auch das kleine **Adler** *Trumpf Junior Kabriolett (Bj. ab 1936) mit seinem 4 Zyl., 1,0 l, 25 PS-Motor hatte Kriegsdienst zu leisten. Ob der Wagen, hier bei der 5. SS-Panzer-Division »Wiking«, für den Feldeinsatz überhaupt geeignet war, spielte dabei keine Rolle.*

Ein flotter Wagen der 30er Jahre war der sog. »Autobahn-Adler«, der mit seiner Stromlinienkarosserie voll im Trend der damaligen Zeit lag. Im Bild **Adler** *2,5 Liter, Limousine, Bj. 1937-1940, 6 Zyl., 58 PS, Karosserie Ambi-Budd, beim Radfahr-Btl. 402 in Frankreich.*

Heckansicht eines **Adler** *2,5 Liter mit interessanter Beschriftung.*

Nach Verfügung vom 31.10.35 hatten alle Dienstfahrzeuge von Verwaltungsbehörden die sog. »Reichsdienstflagge« zu führen, so wie diese **Adler** *Diplomat Pullman-Limousine mit Berliner Zulassungsnummer.*

Bei der 1. Gebirgsdivision lief dieser ex-tschechoslowakische **Aero** *30 Mod. 1934 (2 Zyl., 1,0 l, 28 PS). Leider ist die Zulassung nicht erkennbar. Am taktischen Zeichen erkennt man den Zusatz WuG (Waffen und Gerät). Im Hintergrund ein Lkw der Marke Hansa-Lloyd. Bildtext: Königsfeld.*

*Die **Auto-Union** wurde 1932 als Zusammenschluß der vier aufgeführten Firmen – die teilweise in großen, krisenbedingten Schwierigkeiten waren – gegründet. Die »Volksgenossen«, die sich bei dieser Ausstellung zu einem Kauf entschlossen haben, hatten nur recht kurze Zeit Freude an ihrem Wagen, dann war er beschlagnahmt, stillgelegt oder günstigstenfalls »bewinkelt«!*

Der ***Audi*** *3,2 Liter Typ 920 (6 Zyl., 75 PS) wurde erst ab 1938/39 gebaut und war darum selten zu finden. Im Bild ein Kabriolett mit einem General-Stander in der Form vor April 1941. Leider hat der Fotograf sein Auge mehr auf die feschen Nachrichten-Helferinnen als auf den Audi und die vielen interessanten Wagen im Hintergrund geworfen!*

Entgegen einer verbreiteten Meinung wurden anscheinend auch 2-Takter eingezogen! Im Bild drei ***DKW*** *Reichsklasse (2 Zyl., 0,6 l, 18 PS) bzw. Meisterklasse (2 Zyl., 0,7 l, 20 PS), wobei beim linken Wagen die oben gelagerten Scheibenwischer der späteren Ausführung auffallen. Gut erkennbar der zylindrische Treibstoffbehälter im Motorraum mit dem durchgeführten Schaltgestänge. Aufschrift: Krankenkraftwagenzug 2. Die Zulassung erfolgte in der Provinz Westfalen.*

DKW Reichsklasse des Reichsarbeitsdienstes mit Tarnscheinwerfer und RAD-Zulassungsnummer. Für derartige Bedingungen war dieser schwachmotorige Frontantriebler mit seiner kunstlederbezogenen Sperrholzkarosserie eigentlich nicht vorgesehen!

*Der **DKW** Reichsklasse war nur 750 kg schwer und konnte so zum Radwechsel leicht aufgehebelt werden. Das Fahrzeug scheint keinerlei Tarnanstrich (Zierleisten !) erhalten zu haben, verfügte aber über einen Tarnscheinwerfer. Rechts ein Oberstfeldmeister des RAD.*

Gut 90 km/h schnell war der **DKW** *Front Luxus Sport (Zweisitzer offen) mit seinem 2-Takt, 2 Zyl.-Reihenmotor (0,7 l, 20 PS) und darum für die Sanitätsdienste bestens geeignet — allerdings ist zu befürchten, daß diesem Rennwägelchen unter Feldbedingungen ein schnelles Ende beschieden war!*

Eingezogene Personenkraftwagen des Fabrikats **Horch** *waren wegen ihrer leistungsstarken Motoren recht häufig bei den Feldeinheiten zu finden. Im Bild ein Horch 830 BL als Lautsprecherwagen der Propaganda-Kompanie 621 (»Auge« auf rechtem Kotflügel, 18. Armee, Nordrußland) in der Ausführung als Pullman-Limousine. Den Wagen gab es sowohl mit V8-Motor 3,5 l/82 PS als auch 3,8 l/92 PS.*

*Der **Horch** 830 BL in der Ausführung als Pullman-Limousine des Kommandierenden Generals der 101. Jäger-Division bei Charkow im Herbst 1941. Links ein Mercedes-Benz Typ 170 V.*

*Zu einem leichten Lastkraftwagen umgebauter **Horch** 830 mit dem taktischen Zeichen einer Kradschützenkompanie.*

*Ein wunderschönes **Horch** 853 Kabriolett mit 8 Zyl., 5,0 l, 120 PS-Motor, wie es von 1937-1939 gebaut wurde und auch schon damals eine unerschwingliche Rarität darstellte. Leider liegen keine Angaben vor, aber im Hinblick auf die Abtarnung und die 7-stellige Zulassung (WH-1 076 699) scheint die Aufnahme aus der zweiten Kriegshälfte zu stammen.*

*»Weiße Schrift auf schwarzem Grund« war sicher nur eine Übergangslösung bis zur Vergabe einer offiziellen Zulassung, wie am Krad rechts im Hintergrund erkennbar. Was mag aus der herrlichen BMW R 16 mit dem schnittigen Beiwagen und dem **Horch** 780 Kabriolett (8 Zyl., 5,0 l, 100 PS) im Hintergrund wohl geworden sein?*

Generalleutnant Friedrich Carl Cranz, der Kommandeur der 18. schlesischen I.D. fuhr während des Frankreichfeldzuges in einem ***Horch*** *8 Typ 500 B Pullman-Kabriolett (8 Zyl., 5,0 l, 100 PS) ohne jeglichen Tarnanstrich und auch ohne Tarnbeleuchtung. Die Heraldik war jedoch beispielhaft. Von links: General-Stander; »WH« schwarz in weißem Oval; Divisions-Schild (schwarz/weiß/rot); »IK«-Zivilzulassung für Nieder- und Oberschlesien; Divisions-Stander (schwarz/weiß/rot); Kommandeurs-Winkel und ein weißer Kranz (für Cranz) als persönliches Abzeichen.*

Die Heckansicht des ***Horch*** *von Generalleutnant Cranz auf der Fahrt Richtung Amiens. Cranz starb am 24.3.41 nach einem Schießunglück auf dem Truppenübungsplatz Neuhammer.*

Auch die Wanderer-Werke gehörten zur **Auto-Union**. *Im Bild eine Wanderer W 23 Limousine vom Stab des Pi.Btl. 212 an der Luxemburger Grenze 1940. Die Zulassungsnummer »III A« steht für Stuttgart, der Stander bedeutet »Bataillon«. — Der Schirrmeister neben dem Wagen ist Michael Frank, mein Vater. Er ist seit Juni 1944 bei Minsk vermißt.*

Das **Wanderer** *W 23 Kabriolett einer Luftwaffen-Einheit (WL-159002) vor dem Mont-Saint-Michel in Frankreich. Der W 23 hatte einen 6 Zyl., 2,7 l, 62 PS-Motor und wurde von 1937-1941 gebaut.*

Wanderer *W 50 (2,3 Liter) Kabriolett 4 Fenster (Karosserie Gläser) mit dem taktischen Zeichen für »Stab einer Artillerieabteilung« in Griechenland. Dieser Fahrzeugtyp wurde von 1936-1938 gebaut und hatte einen 6 Zyl., 2,3 l, 50 PS-Motor.*

Eine **Wanderer** *Limousine 6 Fenster (wahrscheinlich Typ W 250 Bj. 1935) der Kraftfahrabteilung Wilhelmshaven an einer zivilen »Standard« Tankstelle.*

*Die Bayerischen Motoren Werke — **BMW** — fertigten während des Krieges (außer einigen leichten Einheits-Pkw) keinen Kraftwagen für die Wehrmacht. Zur Truppe kamen ausschließlich zivile, eingezogene BMW-Wagen: wunderschön elegante Fahrzeuge, die aber in keiner Weise für schlechte Straßenverhältnisse gebaut waren.*
Im Bild ein BMW 326 Kabriolett 2 Türen (6 Zyl., 2,0 l, 50 PS) des Krankenkraftwagenzuges 54 auf der Fahrt zum Dukla-Paß 1939. Rechts ein vielgefahrener Stallgefährte: eine BMW R 61 (600 ccm) mit Steib-Seitenwagen. Alle Fahrzeuge zeigen noch den Originallack, haben aber schon WH-Zulassungen.

Derselbe ***BMW*** *326 von links hinten. Gut erkennbar das »S« auf dem taktischen Zeichen für »Sanitätsdienste«*

Auch diesen belgischen Soldaten scheint das BMW 326 Kabriolett gefallen zu haben. Der Wagen, aus der Provinz Westfalen, ist anscheinend mit einer etwas glänzenden Tarnfarbe überspritzt; das »P« auf dem taktischen Zeichen dürfte auf »Kraftfahrpark« hinweisen.

*Eine **BMW**-Limousine der III./JG 3 bei einer Verlegungsfahrt im Juni 1941. Es dürfte sich um einen BMW 326 handeln; die 2-Liter-Modelle unterschieden sich nur in Details und sind darum nicht immer einwandfrei zu bestimmen.*

*»Schwimmunterricht im Felde«, demonstriert an einem **BMW** 320 Kabriolett der 1. Gebirgsdivision.*

Am 30.6.1941 erreicht eine aus verschiedenen schnellen Verbänden gebildete Vorausabteilung unter Oberst Lasch, die Stadt Riga. Im Bild der noch rauchende Marktplatz am Wasserturm mit zwei Sturmgeschützen (wahrscheinlich Sturmgeschützabteilung 185) und einer Flak-Selbstfahrlafette als Sicherung. Vorne ein BMW Kabriolett und ein unbekannter Wagen (Ford?) mit »Pol-46885« als Zulassung, dem Kreis der 1. I.D. und einem ungeklärten Runenzeichen. Links ein Pkw, der sehr einem Pontiac 1940 ähnelt; das »R« könnte für Panzerkorps Reinhardt stehen.

Auch Josef »Pips« Priller, einer der erfolgreichsten deutschen Jagdflieger, fuhr einen BMW der Spitzenklasse. Hier sieht man ihn als Kommandeur der II./JG 26 mit einem ***BMW*** *327 (bzw. 327/28) Sport-Kabriolett vor seiner FW 190. Das Fahrzeug zeigt keinerlei Aufschrift – sollte es sich etwa um einen unregistrierten »Schwarzbestand« handeln?!*

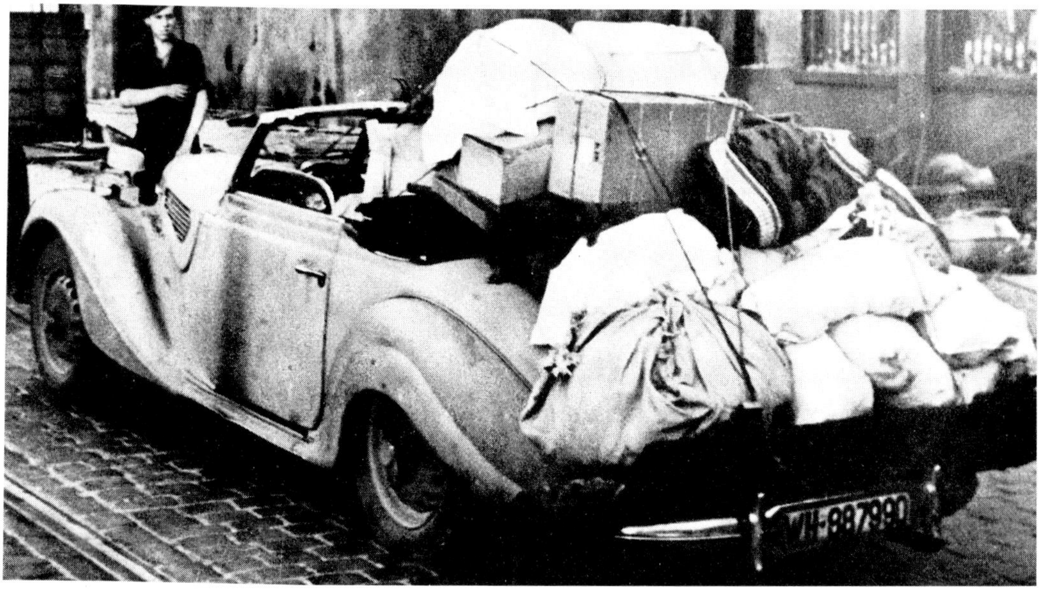

*Not macht erfinderisch: mit dem Feind auf den Fersen konnte man auf einem **BMW** 327 (327/28) Sport-Kabriolett eine ganze Menge Fluchtgepäck unterbringen (WH-887990).*

*Stolz präsentiert sich dieser Panzersoldat der 6. Pz.Div. neben einem **BMW** 319/1 Sportwagen (6 Zyl, 1,9 l, 55 PS). Ein derartiges Fahrzeug wäre im Zivilleben wohl ein unerfüllbarer Traum für ihn geblieben!*

Daimler-Benz-Reklame aus dem Jahr 1942.

***Daimler-Benz** AG: **Mercedes-Benz** Typ 170 V Kabriolett B beim JG 3 in Rußland 1943. Das Fahrzeug hatte einen 4 Zyl, 1,7 l, 38 PS-Motor und war in großer Zahl im Einsatz.*

*Bereitstellung zum Angriff auf Riga im Juni 1941: Soldaten des Radfahrbataillons 402, eine **Mercedes-Benz** Typ 170 V Kabrio-Limousine 4 Türen neben Mercedes-Benz Typ 170 VK-Funkkraftwagen, einem schweren Einheits-Pkw und einem Wanderer-Kübelwagen; links Troßeinheiten mit Stahlfeldwagen.*

Gut gekennzeichnet mit Geschwaderwappen links und Gruppenzeichen rechts, sowie dem taktischen Zeichen für »leichte Jagdstaffel«, steht dieses **Mercedes-Benz** *Typ 170 V Kabriolett der III./JG 52 vor einer Focke-Wulf »Weihe«.*

Athen, Mai 1942. Sicherlich wollte der Fotograf nur den Verkehrsschutzmann aufnehmen und ahnte gar nicht welche Rarität er dabei auf den Film bannte: eine **Mercedes-Benz** *Typ 170 H Kabrio-Limousine. Einer der wenigen Mercedes-Wagen, der mit der seinerzeit hochmodernen Stromlinien-Karosserie und dem Motor im Heck gebaut wurde. Da der 170 H weder durch sein Fahrverhalten noch durch sein Raumangebot überzeugte und darüber hinaus auch noch um 600,— RM teurer war als der 170 V, wurden nur ganz wenige Exemplare gebaut. Dem Abzeichen und dem Datum nach, handelt es sich um ein Fahrzeug der 1. Gebirgsdivision.*

Aug' in Aug' mit einem französischen 32-Tonnen Tank steht dieses ***Mercedes-Benz*** *Typ 230 Kabriolett B. Zum Glück ist der Char B1 bis »Mulhouse« von der Besatzung verlassen!*

Eine ***Mercedes-Benz*** *Typ 230 Limousine 4 Türen mit Schiebedach der Propaganda-Kompanie 649 südlich von Mostar am 5.5.41.*

Mercedes-Benz *Typ 230 Kabriolett mit der Zivilzulassung für die Pfalz. Das Foto stammt aus einem Album »Komm.AOK Pioniere AOK 2«. Das Truppenabzeichen ist bisher unbekannt; die Seitenwagen im Hintergrund zeigen das Wappen der 17. I.D.*

»Großer Bahnhof« für die wankelmütigen Verbündeten. Ein **Mercedes-Benz** *Typ 320 Kabriolett B mit höheren rumänischen Offizieren, dahinter ein Horch 930 V Kabriolett 4 Fenster (WH-874077).*

Ein **Mercedes-Benz** *Typ 320 in der seltenen Ausführung als 4-türiges Kabriolett an der Maas im Juni 1940.*

Die Vergabe von Fahrzeugen an hohe und höchste Truppenführer wurde von Hitler persönlich vorgenommen. Je höher die Dienststellung desto luxuriöser und leistungsstärker hatte auch der Dienstwagen zu sein. Generaloberst Fedor von Bock erhielt als Führer der Heeresgruppe Nord in Polen diesen wunderbaren **Mercedes-Benz** *Typ 540 K. Der Wagen hatte einen 8 Zyl., 5,4 l, 115 PS-Motor, der mit Kompressorbetrieb stolze 180 PS leistete, der aber mit seinem langen Radstand und einem Gesamtgewicht von 2,6 to im Gelände recht hilflos war. – Hier wäre ein kleiner VW-Kübel sicher ohne Probleme durchgezogen!*

Hitlers erster Besuch in Karlsruhe im Jahr 1938. Mitte: **Mercedes-Benz** *Typ 540 K (wahrscheinlich in gepanzerter Ausführung), rechts und links davon weitere Wagen vom Typ 540 K mit unterschiedlichen Karosserien – in dieser Luxusklasse wurden die Aufbauten fast durchweg nach individuellen Wünschen gefertigt. Links im Hintergrund Heinrich Himmler in einem Horch 5 Liter mit Kabriolett-Aufbau.*

*Diese **Mercedes-Benz** Typ 200 Limousine 4-türig des Baujahrs 1935/36 lief bei der I. Gruppe des Jagdgeschwaders 3.*

*Nach Hitlers 4-Tonnen Mercedes hier nun der »kleinste Personenkraftwagen der Wehrmacht«: ein **DIXI** 3/15 aus dem Jahre 1927 mit 4 Zyl., 0,7 l, 15 PS-Motor und einem Gesamtgewicht von 700 kg. — Trotz kriegsmäßigem Tarnlicht scheinen die grinsenden Kameraden des Pi.Btl. 6 den Wagen wohl nicht ganz ernst zu genommen zu haben!*

***Ford**-Pkw waren in großer Zahl bei der Wehrmacht eingesetzt. Hier ein Ford V-8, Limousine, 4 Türen, Baujahr 1935/36, Modell 48, der 168. I.D., gefolgt von einem älteren Opel-Blitz. Der Knüppeldamm und der Abflußgraben sind mustergültig angelegt — vermutlich eine Arbeit des RAD.*

*Ein **Ford** V-8 Kabriolett, 5-sitzig, 1935/36, Modell 48. Der Wagen hatte einen 8 Zyl., 3,6 l, 90 PS-V-Motor.*

Rollbahn Süd, Vormarsch auf Kiew: »Südlich der Pripjetsümpfe sind die Wege sandig, und die Fahrzeuge quälen sich in tiefen Furchen vorwärts. Wenn die Geschütze versorgt sind, werden ihre Zugmaschinen zum Fahrzeugschleppen eingesetzt« schreibt der techn. Kriegsverwaltungsrat Hansludwig Huber zu diesem Bild vom August 1941. Ein **Ford** *V-8 »Standard«, 1937/38, Limousine 2 Türen, Modell 48, G 81, mit dem weißen Bergschuh der 99. leichten I.D. (später 7. Geb.Div.) und der Zulassung für Oberfranken, gefolgt von einem leichten Einheits-Pkw.*

Ford *V-8 »Spezial«, 1938/39, Kabriolett 5-sitzig, Modell 48, G 81, einer Nachrichteneinheit, mit Berliner Zulassung.*

Stabsoffiziere der 18. I.D. bei einer Rast an der »Rollbahn West-Ost« vor Chambrai. Der Ausdruck »Rollbahn« wurde also ganz offensichtlich nicht erst in Rußland geprägt. Rechts mittlere Einheits-Pkw, links ein ***Ford*** *V-8 Kabriolett 2 Türen Baujahr 1937-39.*

Bei dieser Aufnahme sieht man gut das ausladende Heck und die unpraktische Hinterrad-Abdeckung des ***Ford*** *V-8 Kabriolett 2 Türen Baujahr 1937-39. Der Wagen gehörte zum JG 52.*

*Ein Kriegsberichter steht mit genagelten Knobelbechern und seiner Filmausrüstung auf dem Dach dieser Ford-Limousine und filmt den brennenden Hafen von Dünkirchen. Der **Ford** V-8 »Spezial«, 4 Türen, 1938/39, Modell 48, G 81, ist zur leichteren Besteigung mit Auftritten und Haltegriffen versehen.*

*Vom **Ford** V-8 gab es eine Reihe von Umbauten, z.B. Kastenaufbau, angeschweißter Gerätekasten, Rahmenantenne und wie hier Protzkraftwagen für die 2 cm Flak 38. Die Aufbauten dieser Ford V-8 »Spezial«, 1938/39, wurden bei Papler/Köln gefertigt.*

*Prototyp eines **Ford** V-8 »Spezial«, 1938/39, Limousine (4-türig), Modell 38, mit Imbert-Holzgas-Generator im Heck. Der Ofen ist aufwendig verkleidet, zwei Luftbutzen sind neben den Rückfenstern angeformt, das »Tankholz« lagert auf dem Dach und ist mit Auftritten zugänglich gemacht, das Reserverad ist vom Heck zum Vorderkotflügel (Mulde) gewandert. Ein Serienbau fand nicht statt. Bei dieser Aufnahme erkennt man gut den »roten Winkel« auf dem Wechsel-Zulassungsschild.*

*Auch vom **Ford** Eifel gab es Versuchsmuster mit Holzgas-Anlage. Im Bild eine 2-türige Limousine Baumuster 1938, Modell 20 C, mit dem Gaserzeuger am Heck, einer »auf Putz« verlegten Gasleitung zum Motor und einem Wirbel-Gasfilter vor dem Kühler.*

Der **Ford** *Eifel war ein weitverbreiteter Wagen mit einem 4 Zyl., 1,2 l, 34 PS-Reihenmotor. Im Bild eine Kabrio-Limousine Baumuster 1937, Modell 20 C, (Stuttgarter Zulassung) der Panzergruppe Hermann Hoth bei Smolensk im Sommer 1941. Auf der Gegenspur Panzerjäger der Ausführung »4,7 cm Pak (tschechisch) auf Pz Kpfw Renault R 35 (französisch)« mit dem Dreieckzeichen der 4. Armee.*

Ford *Eifel, Baumuster 1937, Modell 20 C, Limousine 2 Türen, bei einer der zahlreichen »nationalen Zuverlässigkeitsfahrten«, hier bei der Ostpreußenfahrt 1939. Originaltext der Ford-Werkszeitung: »Nur das Beste vom Besten kann bei dieser 1000 km langen Dreitagesfahrt bestehen, sowohl was den kämpferischen Einsatz der Menschen wie die Leistung der Motoren und die Robustheit des Materials angeht«. Diese meist vom NSKK organisierten Veranstaltungen sollten Aufschluß über die Truppentauglichkeit der einzelnen Baumuster geben.*

*Der **Ford** Taunus war die erste Eigenentwicklung der deutschen Ford-Werke und wurde erst einige Monate vor Kriegsbeginn vorgestellt. Fotos von diesem Wagen sind darum, wie vom KdF-Wagen, eine große Seltenheit. Beim Taunus hatte man Motor und Getriebe des Eifel übernommen, Fahrwerk und Karosserie aber nach modernen Gesichtspunkten völlig neu entwickelt. Die Bilder stammen von Uffz. Fröba, der allerdings weniger wegen dieses Taunus bekannt wurde, als wegen seiner Notlandung mit Überschlag auf der Pferderennbahn von Karlstad in Schweden am 24.10.1940. Seine Me 109 E W.Nr. 0820 »weiße 3« der 4./JG 77 steht angeblich noch heute in Schweden.*

Heute weitgehend vergessen sind die Pkw der Firma ***Hanomag****: solide, formschöne Wagen, die aber meist nur in kleinen Serien gebaut wurden. Hier ein Hanomag Rekord Kabriolett, offensichtlich der Zugführerwagen einer Brückenkolonne. Der Rekord hatte einen 4 Zyl., 1,5 l, 32 (35) PS-Motor und wurde von 1934-1938 gebaut; er wurde auch, als einer der ersten der Welt, mit einem 1,9 l-Dieselmotor angeboten.*

Hanomag *Rekord Limousine 2 Türen im zerstörten Amiens 1940.*

Der ***Hanomag*** *Sturm hatte einen 6 Zyl., 2,3 l, 50 (55) PS-Reihenmotor und war der größte Pkw, den Hanomag baute. Im Bild ein Wagen des Pi.Btl.SS-Div. »Reich« bei Rshew Anfang 1942. Man sieht, in welch drangvoller Enge die Wagenbesatzungen hausen mußten.*

Ein ***Hanomag*** *Sturm Kabriolett 4 Fenster (wahrscheinlich Karosserie Hebmüller) der 18. I.D. auf der Rückfahrt aus Frankreich.*

***Hanomag** Sturm Kabrioletts, hier wahrscheinlich mit Karosserie Gläser, waren aussergewöhnlich selten. Im Bild ein Fahrzeug des Radfahrbataillons 402 am 16.6.40 bei Maintenon (Kämpfe mit Kolonialfranzosen).*

*Ebenfalls recht selten war der **Hansa** 1100, ein Erzeugnis der »Hansa-Lloyd und Goliath-Werke Borgward und Tecklenborg«. Der Wagen (hier beim Radfahrbataillon 402 in Frankreich) hatte einen 4 Zyl., 1,1 l, 28 PS-Reihenmotor.*

*Der **Maybach** SW 38, ein exclusiver Repräsentationswagen mit einem Gewicht von 2,7 to und einem 6 Zyl., 3,8 l, 140 PS-Motor, der eine Höchstgeschwindigkeit von 140 km/h ermöglichte. Leider ist nicht bekannt, wer sich mit dem WM-5945 im »Heimatkriegsgebiet« chauffieren ließ und dabei das an der Front dringend benötigte Benzin in übermäßiger Weise (20 bis 30 l/100 km) vergeudete. Derartige Prunkwagen haben häufig den Krieg überlebt und fanden vor allem in Amerika begeisterte Abnehmer.*

Opel-Reklame für »Blitz« und »Kapitän« aus dem Jahre 1943.

Opel-Personenkraftwagen waren entsprechend ihrem hohen Marktanteil recht häufig bei der Wehrmacht vertreten. Im Bild eine Opel P4 Kabrio-Limousine 2 Türen, Baujahr 1936/37, mit 4 Zyl., 1,1 l, 23 PS-Reihenmotor, umringt von Kradmeldern.

Reichlich abgewirtschaftet sieht diese **Opel** *Kadett Kabrio-Limousine 2 Türen Modell 1937 aus. Sollte es sich bei dem Abzeichen allerdings um das Wappen der 78. Sturm-Division handeln, hat sich der Wagen recht lange gehalten, denn diese Einheit wurde erst im Januar 1943 aus der 78. I.D. gebildet. Auch die lange Zulassungsnummer WH-1 254 004 deutet auf ein spätes Kriegsjahr.*

Im »Stalin-Asphalt« war der **Opel** *Kadett mit seinem kleinen 4 Zyl., 1,1 l, 23 PS-Motor (ex P4) etwas überfordert! Den einheimischen Erzeugnissen im Hintergrund waren derartige Verhältnisse natürlich besser vertraut.*

Der ***Opel*** *Olympia war weltweit der erste Pkw mit selbsttragender Ganzstahl-Karosserie, der in die Massenfertigung ging. Der Wagen hatte einen 4 Zyl., 1,5 l, 37 PS-Motor und wurde von 1935 bis 1940 gebaut. Im Bild eine Kabrio-Limousine Baujahr 1938-40.*

»Polen 1939« steht auf diesem Foto, das eine hochglanzpolierte ***Opel*** *Olympia Limousine beim Abschleppen durch Luftwaffe-Soldaten zeigt.*

Opel *Super 6 Kabriolett 4 Fenster, Baujahr 1937/38, bei einer Luftwaffeneinheit. Der geräumige Wagen hatte einen 6 Zyl., 2,5 l, 55 PS-Reihenmotor und war trotz seiner etwas weichen Federung sehr beliebt.*

Frankreich/Belgien 1940: Heckansicht einer eingezogenen **Opel** *Super 6 Limousine 4 Türen, Baujahr 1937/38, mit dem Abzeichen der 216. I.D. Wahrscheinlich ein Stabswagen des Art.Rgt. 216.*

***Opel** Super 6 Kabriolett 4 Fenster, Baujahr 1937/38 der 18. I.D. beim Rückmarsch aus Frankreich.*

*Technischer Halt für das **Opel** Super 6 Kabriolett des Bataillonarztes Dr. Breitwieser vom Stab des Pi.Btl. 18 (mot.). Die Aufnahme des reichlich getarnten Wagens entstand im Sommer 1941 und zeigt, wie leer die Motorräume der damaligen Zeit waren.*

Eine wunderschön abgetarnte **Opel** *Kapitän Limousine 2 Türen des JG 3. Die von 1938 bis 1940 gebauten Wagen hatte die typischen 6-eckigen Scheinwerfer und einen 6 Zyl., 2,5 l, 55 PS-Reihenmotor, der vom Super 6 übernommen war.*

Eines der schönen **Opel** *Kapitän Kabrioletts im Einsatz bei der 5. Panzer-Division in Frankreich 1940. Dahinter ein Henschel Typ 33 mit geschlossenem Aufbau.*

Die **Opel** *Kapitän Limousine 4 Türen des Geschwaderstabes des Zerstörergeschwaders 26 im Sommer 1944 in Hanseberg bei Königsberg/Neumark. Das Geschwader war um diese Zeit mit der Me 410 zur Bekämpfung von Bombern eingesetzt und hatte starke Verluste durch Begleitjäger erlitten, darum hatte man die Einheit aus der Reichweite der feindlichen Jäger heraus verlegt.*
Man sieht am Kotflügel die Flagge des Geschwaderkommandeurs und am Stoßfänger das (alte) Geschwaderwappen. Beachte den mittig angebauten Tarnscheinwerfer.

Generalfeldmarschall Busch auf dem Hauptverbandsplatz der 18. I.D. (mot.) in Nagatkino im Sommer 1943. Vorne der Wagen von Dr. Breitwieser, eine **Opel** *Admiral Limousine 4 Türen, Baujahr 1938/39, mit dem taktischen Zeichen für »Stab einer Kriegslazarettabteilung (mot.)«. (Die Fürsorge von Gen. Busch für seine Verwundeten wird von Prof. Dr. Hans Killian im Buch »Im Schatten der Siege« eindrucksvoll beschrieben.)*

Eine große Rarität waren Fahrzeuge der Firma **Röhr**, *da dieser kleine Autobauer nur etwa 3000 Pkw in verschiedenen Kleinserien von 1927 bis 1935 herstellte. Im Bild ein Röhr Junior Kabriolett ohne »roten Winkel«, aber auch ohne Wehrmachtsabzeichen, jedoch mit Scheinwerferabdeckung. Der Junior war ein Lizenzbau des Tatra 30 mit einem luftgekühlten 4 Zyl., 1,5 l, 30 PS-Boxermotor und wurde von 1933 bis 1935 gebaut.*

Eine interessante Gemeinschaftsreklame der Firmen Steyr und Skoda zur Wiener Messe vom 9. bis 16.3.1941.

Skoda *Superb einer Polizeieinheit nach einem Verkehrsunfall (Ort und Datum leider nicht überliefert). Beachtlich, daß dieser Wagen schon – wie heute aus Sicherheitsgründen üblich – alle Türen vorne angeschlagen hatte.*

Ein ***Skoda****-Wagen der Luxusklasse vor der Kreisschulstätte der NS-Frauenschaft des Kreises Prag, der schon öfters durch die Presse ging und sowohl Goebbels als auch Göring als Privatwagen zugesprochen wurde. Laut »Atlas Nasich Automobilu« von Milan Spremo handelt es sich um einen Skoda Superb 4000 OHV/Typ 919/Modell 1940 mit einem 8 Zyl., 4,0 l, 96 PS-Motor, der 20 bis 24 l/100 km Benzin verbrauchte und in weniger als 10 Exemplaren gebaut wurde. Bei näherer Betrachtung scheint es sich aber um einen generatorgasbetriebenen Wagen in karosserietechnischer Spitzenausführung zu handeln: große Hecktüren zum Gaserzeuger, Zuluftbutze über dem hinteren Kotflügel und eine Klappe im vorderen Kotflügel als Zugang zum Anfachgebläse mit der Mündung des Ausblaserohrs an der Kotflügel-Hinterkante. Eine Aufnahme der rechten Fahrzeugseite zeigt am vorderen Kotflügel – anstelle des Ersatzrades – einen elegant geformten Behälter zur Aufnahme des Brennstoffvorrats.*
Das Fahrzeug ist offensichtlich mit Metallic-Lack gespritzt und trägt einen Tarnscheinwerfer, aber kein Abstands-Rücklicht. Die Aufschrift der Reifen ist als »Michelin, Made in Bohemia« zu lesen.

Im April 1945 konnte die zurückgebliebene Zivilbevölkerung von Guben an der Neiße durch einen Gegenstoß zusammengewürfelter Einheiten kurzzeitig von den Übergriffen der russischen Eroberer befreit werden. Wie man sieht, fuhr sogar eine ***Steyr*** *Typ 55 Sonnendach-Limousine in der originalen Zweifarben-Lackierung im Gefolge eines »Hetzers« den Angriff mit! Das »Steyr-Baby« (wie der Wagen auch genannt wurde) hatte einen wassergekühlten 4 Zyl., 1,2 l, 25 PS-Boxermotor und wurde von 1938-1940 gebaut.*

Ein ***Steyr*** *Typ 200 Kabriolett, 2 Fenster, der Luftwaffe. Der Wagen hatte einen 4 Zyl., 1,5 l, 35 PS-Reihenmotor und wurde von 1936-1940 gebaut.*

Ein staubbedecktes **Steyr** *Typ 220 Kabriolett, 2 Fenster, der Gebirgs-Beobachtungs-Abteilung 38 in Polen 1939. Links ein Opel Kadett; im Hintergrund Mercedes-, Austro-Fiat-, Ford-und Einheits-Diesel-Lastkraftwagen. Die Abteilung wurde 1938 im Wehrkreis XVIII mit Friedensstandort Klagenfurt aufgestellt und verfügte darum über zahlreiche österreichische Fahrzeugtypen. Der Steyr Typ 220 hatte einen 6 Zyl., 2,3 l, 55 PS-Reihenmotor und wurde von 1937-1941 gebaut.*

Appell der 1. Kompanie der Feldgendarmerie Abteilung 521 (mot.) in Liege/Belgien. Man erkennt (neben einigen Mercedes) eine beachtliche Anzahl von **Steyr** *Typ 220 Personenkraftwagen mit »Pol«-Zulassung. Die Kräder zeigen teilweise noch die österreichische Armee-Zulassung.*

Ein **Steyr** *220 der 1./Feldgend.Abt. 521 (mot.) bei der Wartung in Wilna im Mai 1942. Links am Kotflügel das (seltenere) taktische Zeichen für »Ordnungsdienste«, rechts das »H« der Panzergruppe 4 (Generaloberst Erich Hoepner).*

Herbst 1942, Ssoldatskaja (Kaukasus): Major von Bonin und Oberstleutnant Lützow in einem **Steyr** *220 Kabriolett mit dem Zeichen der III./JG 52 an der Türe.*

Tatra-*Reklame vom 19.4.1942 in »Motor und Sport«.*

Stromlinie, Heckmotor, Luftkühlung, Schwingachsen und eine weitgehend selbsttragende Karosserie — dies alles vereinigte schon 1934 der »große Tatra« in sich. Ein Fahrzeug, das überall Aufsehen erregte, auch wenn sich nicht alle technischen Neuerungen durchsetzen konnten. Im Bild ein **Tatra** *Typ 77 (3. Ausführung) der Luftwaffe. Das Fahrzeug hatte einen luftgekühlten V 8, 3,0 l, 60 PS-Heckmotor und wurde von 1934-1936 gebaut.*

Überführung von Personenwagen des Musters **Tatra** *Typ 87 durch eine Polizeieinheit, die im Kriegsverlauf in Jugoslawien und Italien eingesetzt war. Beachte die Montage des Tarnscheinwerfers auf einer Verblendung des mittleren Scheinwerfers. Der Typ 87 hatte einen V8, 3,0 l-Heckmotor, der 72 PS leistete.*

*Ein **Tatra** Typ 87 der Luftwaffe, als »Versuchswagen« über den leider keine Angaben vorliegen. Beim oberen Bild kann man gut den großen V8-Heckmotor erkennen.*

Fotos von der VW-Limousine (KdF-Wagen, »Käfer«) sind seltsamerweise recht selten. Vorliegende Raritäten stammen von Dipl. Ing. Rudolf Essler-Rziha, einem Angestellten der Reichsverkehrsdirektion Minsk und wurden bei der Räumung dieser Stadt im Katastrophen-Sommer 1944 aufgenommen. Man erkennt Volkswagen Typ 82 E (KdF-Karosserie auf dem hochbeinigen Kübelwagen-Fahrgestell; 546 Stück gebaut) mit der Zulassung DR-102 115 und DR-102 116, einen Mercedes-Benz Typ 500 mit Kofferaufbau, einen Lkw Mercedes-Benz L 3000 S und ein DKW-Kabriolett vom Typ Meisterklasse (bzw. Reichsklasse) IM-135 775, das wahrscheinlich dem Direktionschef v. Ludendorff privat gehörte. Beachte auch die Vielzahl von russischen Flüchtlingen, die der Roten Armee nicht in die Hände fallen wollten.

Beutefahrzeuge

Die Beschlagnahme aller Kraftfahrzeuge eines eroberten Landes war (und ist auch heute noch) schon immer ein Vorrecht des Siegers. Beutefahrzeuge gab es bei allen kriegführenden Armeen der Welt – nicht nur bei der Wehrmacht. Im Bild die bombengeschädigte Werkstatthalle der Münchner Daimler-Benz-Niederlassung im Herbst 1945: Ein erbeuteter Horch 8 Typ 780, ein Horch 930 V und ein Mercedes-Benz Typ 170 V neben einer bunten Vielzahl von amerikanischen und sonstigen Personenkraftwagen bei der Wartung.

Frankreich

Bugatti: *Oberleutnant Victor Mölders (Staffelkapitän 2./JG 51) in einem Bugatti 35 B auf Chassis des Typs 37. Eine Sonderanfertigung mit einem 8 Zyl., 2,3 l-Reihenmotor und der Fahrgestellnummer 37 328, die heute noch in der Schlumpf-Collection in Mulhouse besichtigt werden kann!*
Im Hintergrund ein amerikanischer Cord.

Citroen: *Der Citroen »Traction Avant« war mit Vorderradantrieb, Pontonkarosserie und Drehstabfederung einer der fortschrittlichsten Personenwagen seiner Zeit, von dem auch in Deutschland von 1934-35 etwa 1800 Stück montiert wurden. Es gab den Typ 7 (4 Zyl., 1,6 l, 35 PS) und den Typ 11 (4 Zyl., 1,9 l, 44 PS) die weitgehend gleich aussahen. Der »Traction Avant« wurde von 1934 bis 1957 gebaut – sicher ein Zeichen seiner Beliebtheit. Im Bild ein erbeuteter Citroen »Traction Avant« mit dem Abzeichen der 112. I.D. und dem taktischen Abzeichen für »Pionierkraftwagenkolonne«. Beachte den Sockel des (abgenommenen) Tarnscheinwerfers.*

Citroen: *Ein Citroen »Traction Avant« mit dem taktischen Zeichen einer Artillerieeinheit und einer eigenwilligen Zulassungsnummer — vermutlich der Feldpostnummer.*

Citroen: *»Der gute Citroen ist nun leider auch ausgefallen« steht auf diesem Foto der 1. Geb.Div. Der Wagen trug die Zulassung WH-567 878 und war bei Gien erbeutet worden.*

Citroen: *Ein ziviler Citroen »Traction Avant«, frisch erbeutet von der Augsburger Nachrichtenabteilung 27. Das Firmenabzeichen (zwei ineinander greifende Zahnräder) ist anscheinend bereits verlorengegangen.*

Citroen: *Für derartige Verhältnisse war der Citroen »Traction Avant« natürlich nicht gebaut! Nachdem auch die Gleitschutzketten nicht mehr halfen, mußte dieser Wagen des Stabes eines (unidentifizierten) Pionierbataillons per Zugseil aus dem Schlamm geholt werden.*

Citroen: *Zwei Citroen »Traction Avant« und ein mittlerer Einheits-Pkw der 292. I.D. in Siedlce/Polen im Herbst 1940.*

Citroen: *Zwei Citroen »Traction Avant« der Marine in Sichtweite des Eiffelturmes. Links ein Matford, rechts ein Wagen ähnlich dem Nash 37/38. Der rechte Citroen hat Lüftungsschlitze anstelle der üblichen Lüftungsklappen; alle Fahrzeuge tragen ein »V« (Versorgung ?) am Kotflügel.*

Citroen: *Startvorbereitung einer He 111 des KG 55 zu einem Nachtangriff während der »Luftschlacht um England« im Herbst 1940. Laternen für eine provisorische Landebahnbeleuchtung und der Citroen einer Luftwaffen-Sanitätseinheit stehen bereit. Auch dieser »Traction Avant« hat Schlitze anstelle von Klappen in der Motorhaube.*

Delage: *Auch in Frankreich waren Nobelwagen von Delage eine Seltenheit. Wegen wirtschaftlicher Schwierigkeiten wurde die Firma im Jahre 1935 von Delahaye übernommen. Im Bild ein rechtsgesteuerter Delage 7-Sitzer des Typs D 8-100 (bzw. D 6-75 mit langem Chassis) im Dienst der Luftwaffe mit dem Delahaye-Abzeichen (!) am Kühler.*

Hotchkiss: *Auch die französische Automobilindustrie hatte in den dreißiger Jahren erhebliche wirtschaftliche Probleme, die zu einer Reihe von Konkursen und Not-Zusammenschlüssen führten. Ein typisches Beispiel war die Firma Amilcar, die lange Jahre durchaus erfolgreich war, dann aber kurz vor dem Krieg in der Firma Hotchkiss aufging. Unter der Bezeichnung »Amilcar Compound« wurden 1939 etwa 15 Wagen mit Frontantrieb, Einzelradaufhängung und selbsttragender Karosserie gebaut. Der erste Prototyp hatte das Fahrgestell des deutschen Adler »Junior« und eine Aluminium-Karosserie.*

»Am Eiffelturm, August 1941« steht auf dem Foto dieses »Amilcar Compound« mit der Zulassung WH-655 183, und es ist nicht ausgeschlossen, daß es sich um den besagten ersten Prototyp handelt, über den bisher noch nirgends ein Foto erschienen ist.

Laffly: *Ein frischerbeuteter (normalerweise) 5-sitziger Verbindungswagen VLTT Laffly V 15 R, von dem die französische Armee etwa 60 Stück besaß und der bis Ende 1940 noch in etwa 900 Einheiten für die Wehrmacht gebaut wurde.*

Matford: *Diese Firma gab es nur von 1934 bis 1939; sie entstand aus einer Verbindung der Firma Mathis mit der französischen Ford-Tochtergesellschaft. Im Bild ein Matford Mod. 1938 (F 82 A bzw. F 81 A) des Stabes der II./KG 77 in Rußland 1942.*

Matford: *Eine erbeutete Matford Fourgonette Mod. 39 vor dem Rathaus in Calais am 16.7.1940. Die Soldaten gehören zum JG 52 und tragen offensichtlich englische Uniformstücke.*

Peugeot *war und ist eine der ältesten und bekanntesten französischen Automarken. Hier ein erbeuteter Peugeot 201, den es sowohl mit Lüftungsklappen (wie hier) als auch mit Lüftungsschlitzen gab. Bei der französischen Armee lief der Wagen als »Voiture de Liaison«.*

Peugeot: *Brüssel am 31.8.44: Während am Zeitungskiosk noch für die »Berliner Illustrierte« und den »Adler« geworben wird, machen sich die deutschen Truppen bereit die Stadt zu verlassen. Rechts ein Peugeot 202 mit Zivilzulassung, links ein Simca Cinq mit einer handgemalten Luftwaffen-Kennung »weiß auf schwarz« und dem (Ärmel-)Abzeichen für »Schirrmeister«.*

Peugeot: *Der Peugeot 202 hatte einen 4 Zyl., 1,1 l, 30 PS-Motor und die firmentypische Anordnung der Scheinwerfer hinter dem Kühlerschutz. Im Bild ein Cabriolet der 6. Infanterie-Division in Luxemburg.*

Peugeot: *Ein Peugeot 202 beim Rückzug aus Brüssel am 2./3.9.1944, aufgenommen von einem belgischen Zivilisten. Das Fahrzeug war mit übergroßen »Roten Kreuzen« gekennzeichnet – hoffentlich hat es ihm geholfen!*

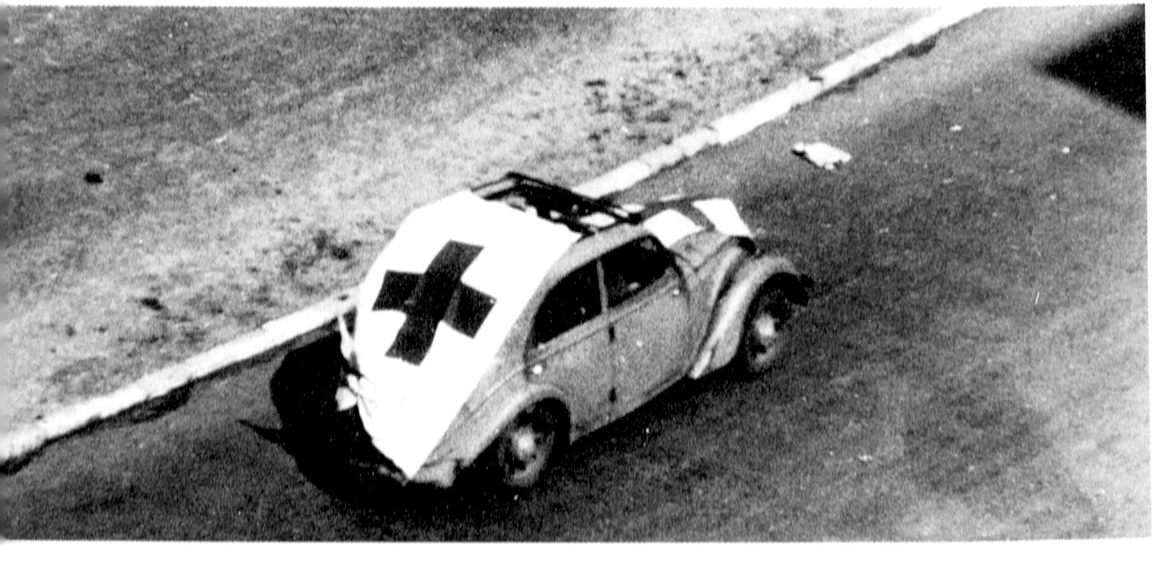

***Peugeot:** Diese Peugeot 202 Limousine der »Leibstandarte SS Adolf Hitler« blieb nach zahlreichen Treffern in Leuven/Belgien im September 1944 liegen.*

***Peugeot:** Die 18. I.D. (mot.) war überwiegend mit französischen Fahrzeugen ausgestattet. Im Bild ein Peugeot 402 des I.R. 51 im Jahre 1942 bei Staraja Russa.*

Peugeot: *Der Peugeot 402 hatte einen 4 Zyl., 2,1 l, 63 PS-Motor und lief bei der französischen Armee in etwa 1500 Einheiten. Hier die Dreiseitenansicht eines Wagens der 1. Geb.Div. bei und in Paris 1940. Beachte doppelte Stoßstange, »402«-Schriftzug in der Mittelstrebe der Kühlerblende und das künstlerisch gestaltete Zulassungsschild.*

Peugeot: *Die Camionette 1,2 t Peugeot DK 5 J war die Lieferwagenausführung des Peugeot 402 und war sowohl bei der französischen Armee als auch bei der Wehrmacht in großen Stückzahlen eingesetzt. Eigentlich gehört dieser leichte Lkw nicht zum Thema des vorliegenden Buches, aber diese Aufnahmen sind zu schön, um sie dem Leser vorzuenthalten! Oben: Überführungskolonne bei Hammelburg, Frühjahr 1941; unten: Bereitstellung in Gemünden am Main zur Übergabe an die 7. Gebirgs-Division. Rechts noch ein Franzose, ein Matford F 917-WS 4,5 to-Lastkraftwagen.*

Renault: *Auch diese Firma war schon vor dem Kriege einer der Marktführer in der Herstellung von Kraftfahrzeugen aller Art. Im Bild ein Renault »Juvaquatre«, noch mit dem Abzeichen »grüner Kreis« der französischen Nachschubverbände (Train), gefolgt von einem Renault Baujahr ca. 1932 und verschiedenen anderen Beutefahrzeugen, die die 18. I.D. unmittelbar nach Beendigung der Kämpfe schnell und möglichst unauffällig aus dem Hafengelände von Dünkirchen verschwinden ließ.*

Renault: *Ein Renault »Primaquatre«, Berline, Baujahr 1938, erbeutet vom I.R. 54 in Poperinge.*

Renault: *Am Bahndamm bei Tudulina/Baltikum kämpft sich dieser Renault, wahrscheinlich ein »Vivastella«, im Herbst 1941 durch den Schlamm.*

Renault: *Da hatte dieser »Vivastella« bzw. »Viva Grand Sport« schon wesentlich bessere Fahrbedingungen auf der Champs-Elysées in Paris! Der Wagen zeigt noch die französische Zulassung und keinerlei Scheinwerferabdeckung — wer mag in ihm gefahren sein ?!*

Renault: *Der Marktplatz in oder bei Zillebeke mit Wehrmachtsfahrzeugen, erbeuteten Fahrzeugen und solchen, die bald zur Wehrmacht gehören werden. Im Vordergrund wahrscheinlich ein Renault »Vivaquatre« — die Typenvielfalt dieser Firma ist recht schwer zu identifizieren!*

Simca: *Der Simca »Cinq« war ein Lizenzbau des Fiat »Topolino«. Im Bild ein Beutewagen (4 Zyl., 0,6 l, 13 PS) des Pi.Btl. 212. Text: »Aufthaler mit seiner Micky-Maus«.*

Rosengart: *Der Zulassung nach gehörte dieser Rosengart »Supertraction« Coach 4/5 Passagiere, 2. Serie Frühling 1939, einer hochgestellten Persönlichkeit der »Zivilverwaltung in Frankreich«. Rosengart baute in den dreißiger Jahren kleine Serien anspruchsvoller Personenwagen auf den frontgetriebenen Fahrgestellen des Adler »Trumpf« und (wie hier) des Citroen »Traction Avant«.*

England

Austin: *Der Austin 8HP Series AP (4 Zyl., 0,9 l, 24 PS) war eine »militarisierte« Version dieses 2-Sitzers, von der 9500 Einheiten gebaut wurden. Englische Beutewagen waren verhältnismäßig selten! Im Bild ein Austin bei der 1. Panzer-Division.*

Austin: *Ein frischerbeuteter Austin 8HP des Pi.Btl. 18 im Raum Dünkirchen. Anscheinend war in diesem 2-Sitzer sogar Platz für 4 Personen – allerdings ohne jegliches Gepäck.*

Ford: *Ein zurückgelassener englischer »Ford Perfect Mod. 1938« im Raum Dünkirchen.*

Ford: *Diese kanadischen Ford F 15 der englischen Armee wurden in Griechenland erbeutet und durch das Pi.Btl. 659 (mot.) in »Kfz 15 (Behelf)« umgebaut. Im Dezember 1941 wurden fünfzehn Wagen von Athen aus zum Heeres Pi.Btl. 666 (siehe Abzeichen »verschlungene 6«) nach Rußland in Marsch gesetzt. Das Fahrzeug bot Platz für 5 Mann und einen kleinen Floß-Sack im Gepäckraum.*

Humber: *Opel Blitz, Humber (evtl. auch Hillman) und Matford in Nordfrankreich 1940.*

Wolseley *Twenty Five Super Six eines unbekannten Marinestützpunktes. Der Wagen hatte einen 6-Zyl.-Motor mit 1,8 l und 16 PS bzw. 3,5 l und 25 PS.*

Triumph (?): *Die altbackenen englischen Personenwagen der dreißiger Jahre sind nur sehr schwer zu identifizieren. Dieser Wagen lief ohne jede Kennung auf einem Feldflughafen. Entsprechend der Rechtssteuerung saß bei englischen Fahrzeugen auch der Tarnscheinwerfer auf der rechten Seite. Im Hintergrund erfolgt Motorenwechsel an einer Ju 88 (7A+) der Aufklärungsgruppe 121.*

GAZ: *Personenkraftwagen waren recht rar in der Sowjet-Union und wurden ausschließlich von Behörden und Funktionären gefahren — sicherlich von keinem Arbeiter oder Bauern. Als Folge waren natürlich auch russische Beute-Pkw nur äußerst selten bei der Wehrmacht anzutreffen. Im Bild ein reparaturbedürftiger GAZ - M1. Dieser Wagen wurde von 1936-1942 gebaut, entstammte einer Ford-Lizenz und hatte einen 4 Zyl., 3,3 l, 50 PS-Motor. Das Fahrgestell war tragfähig genug, um daraus den gepanzerten Spähwagen BA-20 zu entwickeln. Beachte die geprägte Reserverad-Abdeckung.*

ZIS: *Ein weiterer russischer Pkw war der ZIS 101 (bzw. 102), eine reine Luxuslimousine, die nur in geringen Stückzahlen in den Stalinwerken in Moskau hergestellt wurde. Der ZIS 101 wurde von 1936-1939 gebaut und hatte einen 8 Zyl., 5,8 l, 90 PS-Motor. Originaltext: »Für den Luxuswagen des örtlichen Sowjet-Gewaltigen war das entweihte Heiligtum gerade gut genug«.*

Buick: *In den zwanziger Jahren wurden ausländische Wagen — vor allem amerikanische Pkw — in größeren Stückzahlen eingeführt bzw. in Deutschland montiert. Bis 1938 war aber laut Statistik der Anteil der »sonstigen Pkw« (ausländische Firmen und deutsche Kleinerzeuger) auf nur noch 9139 Einheiten gesunken. Die meisten amerikanischen Wagen dürften wohl in Frankreich erbeutet worden sein: große, komfortable Wagen, mit voluminösen, aber durstigen Motoren und einem weichgefederten Fahrwerk, das ausschließlich für schöne, ebene Straßen vorgesehen war. Im Bild ein Buick Modell 1936 den es mit 3,8 l (93 PS)- und 5,2 l (120 PS)-Motoren, mit 5 verschiedenen Radständen und vielen Sonderaufbauten gab. Die Aufnahme wurde von dem späteren Ritterkreuzträger Baron von Saldern (I.R. 51) im Raum Dünkirchen gemacht.*

Buick: *Durch den Einbau einer Imbert-Generatoranlage wurde dieser spritfressende Buick Modell 1937 (4,1/5,2 l — 100/130 PS) »heimischen Treibstoffen« zugänglich gemacht (aus Kroll »Der Gasgenerator«, Berlin 1943).*

Buick: *Verständlicherweise mußte man sich natürlich unbedingt mit »seinem« amerikanischen Luxuswagen fotografieren lassen. Auf diese Weise kann leicht die falsche Meinung entstehen, daß US-Wagen in größerer Zahl bei der Wehrmacht liefen, obwohl es sich in Wirklichkeit nur um einige wenige Einzelstücke handelte. Hier der Buick Modell 1939 eines Marine-Stabes; links der »Dienstwimpel der Kriegsmarine«, rechts ein Stander ähnlich dem Zeichen für »Bataillon« beim Heer.*

Buick *Mod. 1939 in Helsinki 1942 mit unidentifizierter Zulassung, aufgenommen von einem Luftwaffe-Soldaten.*

Buick: *General Christian Philipp als Kommandeur der 6. Geb.Div. (gelbes Edelweiß) an der Eismeer-Front mit seinem Buick Modell 1940 Cabriolet (8 Zyl., 4,1/5,2 l — 107/141 PS).*

Cadillac: *Auch diese Nobelmarke verkehrte bei der Wehrmacht. Im Bild ein Cadillac Typ 60 Modell 1938 (8 Zyl., 5,7 l, 135 PS; einige Muster dieses Jahrgangs hatten 16 Zyl.,-V-Motoren mit 7,1 l und 175 PS). Die Aufnahme stammt vom I.R. 54 aus dem Raum Dünkirchen.*

Cadillac - La Salle: *La Salle war eine Unterabteilung der General-Motors-Tochter Cadillac und war ausersehen hochwertige Autos zu annehmbaren Preisen zu fertigen. Im Bild ein La Salle Modell 1939 bei einer Parade in Odessa 1941 vor rumänischen und deutschen Offizieren und Würdenträgern.*

Cadillac - La Salle: *Ein wunderbares Cabriolet Modell 1939 mit Wehrmachtzulassung. Was mag aus dem Wagen, was mag aus dem jungen Soldaten geworden sein?*

Chevrolet, *ebenfalls eine General-Motors-Tochter und eine der populärsten Marken in Amerika. Rechts ein Chevrolet Modell 1937 (3,5 l, 85 PS), links ein Buick Modell 1936, aufgenommen im Sedan im Juni 1940.*

Chevrolet: *Hochglanzpoliert und noch ohne Tarnbemalung steht dieser Chevrolet Modell 1938 der I./JG 77 in einer Splitterbox. Das »Stiefel«-Abzeichen stammt noch von der IV./JG 132, das taktische Zeichen steht für »leichte Jagdstaffel«. Beachte den mittig angebrachten Tarnscheinwerfer.*

Chevrolet *Modell 1938 des Krankenkraftwagenzuges 54, gefolgt von einem Austin-Krankenkraftwagen. Im Buch »Lkw der Wehrmacht« findet sich dieser Austin auf Seite 154 wieder — ausgebrannt nach Feindeinwirkung.*

***Chrysler** — neben General Motors und Ford einer der führenden amerikanischen Großkonzerne — war Amerikas Pionier im Bau von Stromlinienwagen (Airflow). Im Bild ein Chrysler Airflow Modell 1935 mit Tarnscheinwerfer in Bukarest 1941; wahrscheinlich der Wagen eines rumänischen Regierungsmitglieds.*

***Chrysler:** Mühsam schaukelt sich diese Luxus-Limousine durch die russische Weite; der Spieß muß als Einweiser vorausgehen, damit das Gefährt nirgends hängenbleibt: gute Aussichten für kommende Schnee- und Schlammperioden! Der WH-308720 hat anscheinend eine neue Kühlerblende erhalten, darum ist er nicht mehr eindeutig zu bestimmen: er zeigt sowohl Merkmale des De Soto Mod. 1939 als auch des Plymouth Mod. 1939 — beides Unternehmen der Firma Chrysler.*

Chrysler *Royal Modell 1939 (6 Zyl., 4,0 l, 108 PS) mit dem Abzeichen des JG 3 »Udet«. Seltsamerweise entspricht der Stander dem eines Bataillons-Kommandeurs (Infanterie) der Division »Hermann Göring« und das Abzeichen rechts neben dem Udet-Wappen erinnert an JG 1 »Oesau«.*
Das gleiche Fahrzeug ist auch auf dem rückseitigen Schutzumschlag dieses Buches abgebildet.

Chrysler: *Wie dieses deutsche Flugblatt vom März 1945 (!) zeigt, war der Chrysler Modell 1939 für die Propaganda die absolute Ausgeburt der Plutokratie!*

Cord *Modell 810. Von diesem Traumwagen wurden von 1935-1937 nur 2320 Stück gebaut — verständlich, denn der Cord war fast doppelt so teuer wie der billigste Cadillac. Nach 1937 wurde die Produktion eingestellt, aber von 1964-1973 mit dem Bau von Replikas wieder aufgenommen. Der frontgetriebene Wagen hatte einen 8 Zyl., 4,7 l-V-Motor, der in der Kompressorausführung 195 PS leistete.*
Lille 1940: diese Luftwaffesoldaten scheinen die Fahrt in einem Cord durchaus genossen zu haben!

Dodge: *Einige Kabelrollen und Baustangen hinter die Kotflügel geklemmt, und schon war er fertig, der »Nachrichtenkraftwagen (Kfz 15) mit Fahrgestell des m.Pkw (o)«. Vom Hubraum her (3,5 l), wäre dieser Dodge Modell DS Baujahr 1934 natürlich eher als schwerer Pkw anzusprechen gewesen, aber nach Auskunft mehrerer Schirrmeister waren hier die Grenzen recht fließend. Der Wagen hat als Sonderzubehör ein ausstellbares Hinterfenster und wird gerade auf einer Floßsack-Fähre über die Lys gesetzt.*

Ford: *Ein amerikanischer Ford V-8 Modell 68 (1936) bei der »Legion Condor« in Spanien. Die Bedeutung der Zulassung »CC« ist unbekannt.*

Dodge: *In diesem französischen Hafen (wer erkennt ihn?) wurde ein ganzes Schiff mit Privatwagen vorgefunden und von der Marine, mit Hilfe des ortsansässigen Personals, entladen. Die Fahrzeuge wurden von einer Heereseinheit übernommen. Eines der Schiffe trug den Namen »Diamant«.*
Am Kran ein Dodge Modell 1937, die Männer arbeiten an einem englischen Ford V-8 (1937/38), der Rest ist noch zu identifizieren.

Ford: *Die Firmen Lincoln und Mercury waren amerikanische Tochterfirmen des Konzerns; dazu kam noch eine Vielzahl von mehr oder weniger selbständigen Fertigungsbetrieben in der ganzen Welt. Im Bild ein Lincoln Zephyr Baujahr 1936 der 3. Komp./Eisenbahn Pi.Rgt. 3 in Rußland im Oktober 1941.*

Ford: *Ein amerikanischer Ford V-8 Mod. 78 (1937) mit eleganten Weißwandreifen bei der II./JG 54 in Frankreich 1940.*

Ford: *Der Wagen eines Kommandierenden Generals der Luftwaffe, ein englischer Ford V-8, 30 HP, Mod. 78 (1937) mit Tarnscheinwerfer und Rechtssteuerung. Der englische Ford V-8 war mit dem amerikanischen Modell weitestgehend identisch.*

Ford: *Diesen amerikanischen Ford V-8 Mod. 78 (1937) hat es im Winter 1942/43 nach Smolensk verschlagen.*

Ford: *Wie mag die 216.I.D. zu diesem flotten amerikanischen Ford V-8 »De Luxe Club Convertible Coupe« Baujahr 1938 gekommen sein?*

Ford: *»Tunis 28.1.1943, Glück gehabt nach englischem Jaboangriff«, schrieb Gerhard Kesenhagen (Pz. Gren.Rgt 69 der 10. Panzer-Division) auf dieses Bild, das einen amerikanischen Ford V-8 Mod. A81 (1938) »De Luxe« (8 Zyl., 3,6 l, 85 PS-V-Motor) zeigt. Die drei Einschläge in Dach und Türe sind mit Tinte kenntlich gemacht.*

Ford: *»Lincoln«, das war die Prestigemarke im Ford-Konzern, dessen Qualitätsstandard sich am Cadillac orientierte. Im Bild ein Lincoln Zephir Sedan Modell 1938 mit 12 Zyl., 4,8 l, 110 PS-V-Motor in Oslo 1941.*

Ford: *Im Auftrag der holländischen Armee rüstete die Firma DAF eine ganze Reihe von handelsüblichen, amerikanischen Ford V-8, 1-Tonner-Fahrgestellen mit 4-Radantrieb und Mannschaftsaufbau aus, hauptsächlich als Protzkraftwagen für leichte Pak. Im Bild ein Ford 91 Y/DAF (1939) bei der 1. Geb.Div. in Südrußland 1942 gefolgt von einem Chevrolet-Lkw Mod. 1940.*

Oldsmobile: *Nur einige wenige Monate konnte die 20. I.D. das Etappenleben in Frankreich genießen. Hier der Wagen des Kommandeurs des Pi.Btl. 20 mit der Aufschrift »St« für Stab und dem Stander für »selbständiges Bataillon«: ein Oldsmobile Typ 60 Mod. 1939 als 4-türiger Sedan mit einem 6 Zyl., 3,5 l, 90 PS-Motor. Oldsmobile gehörte zum General-Motors-Konzern.*

Packard: *Dünkirchen war eine Fundgrube an Beutematerial, das von speziellen Einheiten der Organisation Todt instandgesetzt und der Wehrmacht nutzbar gemacht wurde. Hier ein verlassener Packard Mod. 1938, der sicher bald einen Liebhaber finden wird. Packard war eine der wenigen konzernfreien Autofirmen und fertigte — im ständigen Wettstreit mit Cadillac — ausschließlich Fahrzeuge der Luxusklasse mit 6-, 8- und 12-Zylindermotoren.*

***Studebaker,** noch eines der wenigen eigenständigen Unternehmen, das vor allem wegen seiner legendären 2 1/2-Tonner-Lkw's in die Militärgeschichte einging. Im Bild ein Studebaker Mod. 1937 ohne jegliche Kennung, nur mit einem Kreide-»WH« auf dem rechten Kotflügel.*

***Studebaker** Champion 6 Mod. 1939 der 216. I.D. in Olsene auf dem »Grote Steenweg (N14)« unterwegs zur Fähre über die Lys. Im Hintergrund ein Chevrolet-Lkw Mod. 1940, gefolgt von einem Opel Olympia Mod. 1938 (möglicherweise kann es sich auch um einen der sehr ähnlichen Renault »Juvaquatre« handeln). Die präzisen Ortsangaben stammen von Peter Taghon, dem Autor des Bildbandes »Mai 1940 — La Campagne des 18 jours«.*

Studebaker: *Der Chefdesigner Loewy schuf Ende der dreißiger Jahre die typische »Flugzeug«-Karosserie, die hier als Staffage bei der Feier einer ungenannten Aufklärereinheit zum 4000. Feindflug dient. Es handelt sich um einen Studebaker President 8 Mod. 1939 mit 8 Zyl., 5,0 l, 110 PS-Motor.*

Willys-Overland: *Diese Firma ist sicher weniger wegen ihrer Personenwagen als wegen der Konstruktion des legendären »Jeeps« berühmt geworden. Im Bild ein Willys Custom Sedan Baujahr 1938 mit 4 Zyl., 2,2 l, 48 PS-Motor am »10.6.42 beim Wasserfall an der Straße nach Dray (WH-260 530)«. Die »Haifischnase« war seinerzeit der absolut letzte Schrei einiger Karosseriedesigner!*

Willys-Overland: 640.000 Einheiten des allradgetriebenen 0,25-Tonners mit der (inoffiziellen) Bezeichnung »Jeep« wurden von Willys und Ford bis zum August 1945 gebaut. Auf Konstruktion und Qualitäten dieser »Legende« kann im Rahmen dieses Buches leider nicht eingegangen werden – dazu gibt es unzählige Fachbücher. Im Bild ein erbeuteter »Jeep« mit hochrangiger und hochdekorierter Besatzung im Herbst 1943 bei Rom: Generalfeldmarschall Albert Kesselring (Oberbefehlshaber der Südfront), dahinter, links, Oberstleutnant Karl-Lothar Schulz (Kdr. Fallschirmjäger-Regiment 1), neben ihm Generalleutnant Richard Heidrich (Kdr. 1. Fallschirmjäger-Division).

Willys-Overland: Im Zuge der umfangreichen Hilfslieferungen für die Rote Armee schickten die USA auch eine große Anzahl von »Jeeps« nach Rußland.
Dieser »Jeep« wurde von der 2. SS-Panzer-Division »Das Reich« bei Charkow erbeutet.
Der Wagen hatte einen 4. Zyl., 2,2 l, 54 PS-Motor, dem, wie allen Amerikanern, ein enorm hoher Benzinverbrauch nachgesagt wird – um der Wahrheit willen muß aber gesagt werden, daß auch die vergleichbaren europäischen Wagen damals einen ganz und gar unverschämten »Durst« an den Tag legten!

Anhang

Die Hilfsschlepperachse

Not machte erfinderisch — aus Personenwagen wurden Zugmaschinen:

Am 4.6.1940 erließ das Reichsverkehrsministerium eine Verordnung bezüglich der Umwandlung von Personenkraftwagen in behelfsmäßige Zugmaschinen:

I.) Zur Behebung von Verkehrsschwierigkeiten werden in nächster Zeit in größerem Umfange Personenkraftwagen in Zugmaschinen behelfsmäßig dadurch umgewandelt werden, daß eine mit einem besonderen Rahmen versehene, mittels untersetzen Kettentriebes von der ursprünglichen Hinterachse des Fahrzeugs angetriebene Hilfsachse unter dem Fahrzeug angebracht wird. Derart umgewandelte Personenkraftwagen sind als Zugmaschinen zu behandeln. Die für das Kraftfahrzeug ursprünglich erteilte Betriebserlaubnis erlischt. Eine neue Betriebserlaubnis muß beantragt werden. In den Kraftfahrzeugpapieren sowie allen Nachweisungen und Meldungen sind diese Kraftfahrzeuge als Zugmaschinen (Hilfsschlepper) zu bezeichnen.

II.) . . . Höchstgeschwindigkeit 20 km/h . . .

III.) Die Hilfsachsen sind bezugscheinpflichtig!

Fritz Wittekind schreibt darüber in »Motor und Sport« im Juli 1940:
»Die Beco-Achse von Oberingenieur Heidemann ist in erster Linie zur entsprechenden Umwandlung kleinerer Personenwagen gedacht. Zunächst sind die ersten Serien für den Ford Eifel gebaut worden. Weitere sind für bestimmte Typen von Opel und Hanomag in Vorbereitung. Solche Wagen können auf diese Weise eine Gesamtschlepplast von etwa 5,5 Tonnen ziehen. Für den Einbau der Beco-Achse in Personenwagen sind keinerlei bauliche Veränderungen notwendig; auch brauchen die Kotflügel nicht abgenommen zu werden. Es genügt, nach Abnahme der normalen Wagenhinterräder, lediglich die Hinterkotflügel hinten etwas zu kürzen. Bei Wagen mit Thermosyphonkühlung wird eine zusätzliche Wasserpumpe hinter dem Kühler angebaut. Erforderlich ist dann schließlich noch der zusätzliche Einbau eines Drehzahlreglers, durch die die Motordrehzahl auf der Höhe gehalten wird, bei der der Motor sein günstigstes Drehmoment abgibt. Dies ist beim Ford Eifel beispielsweise bei etwa 2500 U/Min. der Fall. Der ganze Umbau kann in weniger als einer halben Stunde erfolgen. Schließlich bleibt noch hervorzuheben, daß diese Art von Hilfsschleppern für die Dauer der Kriegswirtschaft nach einer Sonderverfügung des Reichsfinanzministers völlige Steuerfreiheit genießt. Die Beco-Achse ist gegenwärtig die einzige Hilfsschleppachse, die für solche Umwandlungen in Betracht kommt. Es beschäftigen sich zwar auch noch andere Konstrukteure in dieser Richtung. Diese Arbeiten sind bisher aber noch nicht zum Abschluß gelangt.«

Im Bild ein Ford Eifel (Baujahr 1937-1939) mit Hilfsschleppachse und Treibgasanlage.

Schilder am Wege

Die typischen Schilderwälder der Wehrmacht waren eine große Hilfe für den Kraftfahrer – allerdings auch für die Partisanen, denen hier großzügig Einheiten, Standort, Munitionslager usw. mitgeteilt wurden. Die »Achsen-Straße« muß im Raum Rostow zu finden gewesen sein.

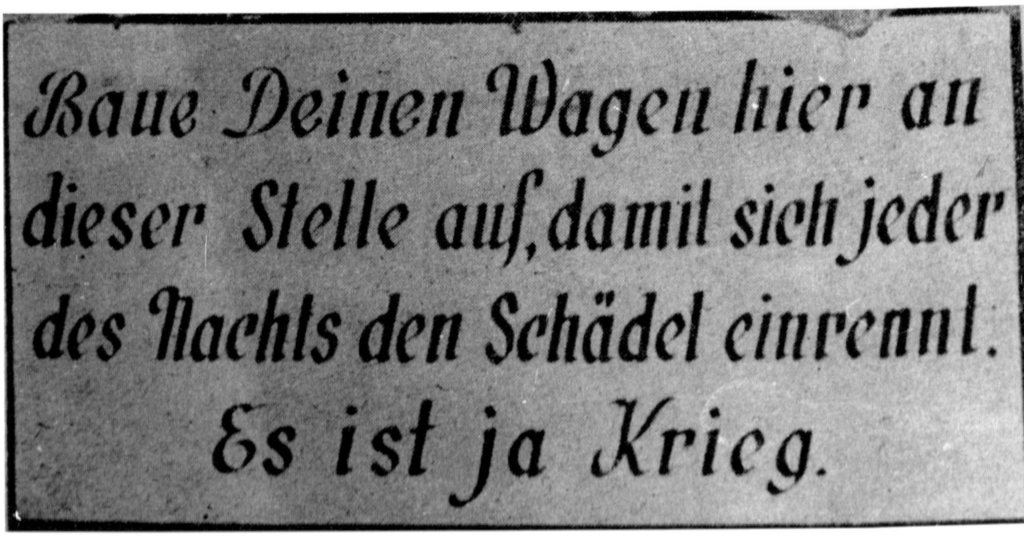
Baue Deinen Wagen hier an
dieser Stelle auf, damit sich jeder
des Nachts den Schädel einrennt.
Es ist ja Krieg.

Hier sank samt Karren
in den Grund
Ein Fahrer -
Er führ Spur, Der Hund!

Auf 40 Meter
Abstand achtet!
Ihr habt die Rollbahn
nicht gepachtet!